DE LA

PROPRIÉTÉ

ET

DU CRÉDIT

DEVANT

LA LOI HYPOTHÉCAIRE ET LA TRANSCRIPTION

PAR

C. FRÉGIER

ANCIEN MAGISTRAT, AVOCAT-DÉFENSEUR A CONSTANTINE,
MEMBRE DE L'ACADÉMIE DE LÉGISLATION DE TOULOUSE,
ET LA SOCIÉTÉ HISTORIQUE D'ALGER, ETC.

> Que doivent être la Propriété et le Crédit
> immobiliers ? — La valeur et le gage auxquels
> on se fie le plus et qu'on redoute le moins.
> Que sont-ils ? — La valeur et le gage
> auxquels on se fie le moins et qu'on redoute le
> plus.

CONSTANTINE

V⁰ GUENDE, IMPRIMEUR — LIBRAIRE

PLACE DU PALAIS

1869

PROPRIÉTÉ ET DU CRÉDIT

DEVANT

LA LOI HYPOTHÉCAIRE ET LA TRANSCRIPTION

ÉTUDE LÉGISLATIVE ET JURIDIQUE

XXXVI

DE LA
PROPRIÉTÉ

ET DU
CRÉDIT

DEVANT

LA LOI HYPOTHÉCAIRE ET LA TRANSCRIPTION

PAR

C. FRÉGIER

ANCIEN MAGISTRAT, AVOCAT-DÉFENSEUR A CONSTANTINE,
MEMBRE DE L'ACADÉMIE DE LÉGISLATION DE TOULOUSE

> Que doivent être la Propriété et le Crédit?
> — La valeur et le gage auxquels on se fie le
> plus et qu'on redoute le moins.
> Que sont-ils? — La valeur et le gage
> auxquels on se fie le moins et qu'on redoute le
> plus.

CONSTANTINE

Vᵉ GUENDE, IMPRIMEUR – LIBRAIRE

PLACE DU PALAIS

1869

A MONSIEUR

ÉMILE RIGAUD

de Pourrières (Var)

PREMIER PRÉSIDENT DE LA COUR IMPÉRIALE D'AIX
ANCIEN MEMBRE DU CORPS LÉGISLATIF

Je guettais depuis longtemps l'occasion de vous offrir un modeste, mais public hommage de mon respectueux et compatriotique attachement.

Elle vient de se présenter.

Ne trouvez pas mauvais que je la saisisse au passage.

Hoc erat in votis!

Constantine, 12 mai 1869.

C. FRÉGIER,
Avocat-Défenseur.

AU LECTEUR.

Ceci n'est qu'un essai de critique juridique et législative à propos d'un opuscule (1) peu connu, mais digne de l'être beaucoup.

Je me propose de vous persuader deux choses également importantes :

Les vices incontestés,

Les dangers incontestables de notre système de transmission immobilière et de crédit hypothécaire.

Or, « l'art de persuader consiste autant en celui d'agréer qu'en celui de convaincre (2). »

Agréer et convaincre! deux « méthodes » dont la fusion dans de justes et harmonieuses proportions constitue la perfection de l'écrivain, de l'orateur et du poëte.

Mais, n'en déplaise à Pascal, de qui les *Provinciales,* ces immortelles *Menteuses* (3), ont, sur ce point, donné à ses *Pensées* un éclatant démenti, — pour être « plus difficile et plus admirable » que la seconde, la première de ces méthodes, qu'il s'agisse de théologie ou de philosophie, n'est pas « absolument impossible. »

Pourquoi en serait-il autrement en matière juridique et législative?

Pour moi, m'appuyant sur de récents et illustres

---

(1) *Essai sur le Crédit et la Propriété en Algérie,* par M. Primard, notaire à Philippeville.

(2) *Pensées,* part. I, art. III.

(3) Voltaire.

exemples, j'ai cru que, même en matière hypothécaire, l'une des plus ardues et des plus délicates du
Droit, il était possible de mêler, dans une certaine
mesure, l'attrayant à l'utile, l'agrément à la conviction.

Je l'ai cru, et j'ai écrit cet Essai.

J'avoue que, « trop disproportionné » avec les « difficultés » de ma tâche, c'est à peine si, comme la statue
antique, j'aurai montré le chemin au passant, sans
le parcourir moi-même.

Mais qu'importe, si, plus heureux que moi, ce
passant en atteint le terme?

J'aurais pu attaquer à fond et sous plusieurs rapports, l'ensemble de notre système de propriété et de
crédit.

Je n'ai voulu toucher qu'à quelques points de dé-
tail, et notamment aux « défectuosités » et aux lacunes de la Transcription.

N'est-il pas permis de dire de certaines questions
de Droit ce que Lessing disait de certains systèmes de
Morale?

« Quand on appartient au Diable par un cheveu,
on lui appartient par tout le corps. »

Ce cheveu, Lecteur, c'est la Transcription.

M'en emparer, voilà ce que j'ai entrepris.

Ai-je échoué? C'est trop pour vous !

Ai-je réussi? C'est assez pour moi !

Mais à quoi bon ces réflexions et ces questions?

Lisez et jugez!

DE LA PROPRIÉTÉ ET DU CRÉDIT

DEVANT

LA LOI HYPOTHÉCAIRE

ET LA TRANSCRIPTION

Legis tantum interest ut certa sit, et absque
hoc nec justa esse possit.... neque enim
placet Janus in legibus.

BACON.

Il y a environ sept ans, en tête d'une Étude financière et juridique sur la *Banque territoriale* (1) de David (de Chollet), nous n'hésitions pas à écrire ces lignes, expression d'une conviction profonde, inébranlable, et que tout autour de nous semble avoir depuis pleinement confirmée :

" Un poids immense pèse sur la propriété foncière en France : c'est le poids des dix milliards de la dette hypothécaire.

" La dette hypothécaire ! telle est la moderne servitude, la servitude civile de la terre, et parce que, sous plus d'un rapport, tant vaut la terre, tant vaut la

(1) Paris. Dentu, éditeur, 1862.

société, telle est, pourrait-on dire, la servitude de l'homme et de la société contemporaine. ”

Aujourd'hui, avec plus de raison encore, si c'est possible, et comme épigraphe de cette appréciation de l'opuscule de M. Primard, nous ne craignons pas d'ajouter :

” Ce poids qui écrase la propriété immobilière, ce n'est pas seulement le chiffre énorme de la dette hypothécaire, c'est encore et surtout le poids de notre système hypothécaire. ”

De ce système, en effet, tout comme de cette dette, dont il n'est, ou plutôt dont il a la prétention de n'être que la garantie et la sanction, naissent les mêmes maux : gêne de l'agriculture, stagnation des transactions, *peur* et *torpeur* des capitaux, difficultés, embarras, entraves des mutations et transmissions d'immeubles.

De là des abus, des fraudes, des complications de toutes sortes ; de là des contestations innom' rables, des frais ruineux.

De là, enfin, la paralysie des principaux éléments de la prospérité privée et publique et du progrès social.

Et cela est si vrai, qu'à tout prendre, le crédit immobilier, cette source naturelle et féconde de tout mouvement, de tout travail et de toute richesse, loin d'être favorisé, développé, encouragé par l'hypothèque, est trop souvent combattu, arrêté, découragé par elle.

Sur ce point, et quoi qu'en disent certains jurisconsultes optimistes que les séduisants mirages de la théorie empêchent de voir les tristes réalités de la pratique, M. Primard, en signalant les abus, les obstacles, les déceptions et les frais de la transmission de la propriété et de la garantie des obligations en présence de notre loi hypothécaire, n'a été que l'écho fidèle et consciencieux de l'opinion, et, ce qui vaut mieux, de l'expérience publique et de sa propre expérience.

Mais quoi ! l'hypothèque en France serait-elle donc au crédit ce que la dette est à la terre ? Au lieu d'en être toujours le soutien et, à certains égards, l'affranchissement, n'en serait-elle trop souvent que la servitude et la ruine ?

Questions graves, questions délicates, et, à quelque point de vue qu'on les envisage, bien dignes d'être méditées par des hommes intelligents, sérieux et dévoués à l'intérêt public.

Aussi, ne saurions-nous trop féliciter M. Primard de les avoir courageusement abordées.

Pour lui comme pour nous, le problème hypothécaire n'est rien moins que le problème vital de notre époque, et, dès lors, nous comprenons à merveille qu'il ait consacré à sa solution de longues et patientes études.

Il en a hardiment déposé le fruit dans la brochure que nous allons analyser, et dans laquelle, sous une forme claire, concise, rapide, telle qu'elle sied à un travail substantiel et analytique, se révèle un riche fonds d'observations, de réflexions, de critiques et d'idées qui, par leur exactitude, leur opportunité, leur nouveauté et leur justesse, se recommandent de tous points à l'attention publique.

Et qu'on ne s'étonne pas de nous entendre parler de courage et de hardiesse ! Pour publier un pareil travail, et ce n'est pas là le moindre mérite de son auteur, il fallait l'un et l'autre.

M. Primard n'a pas voulu, à l'exemple de plusieurs, réformer, nous allions dire.... replâtrer certaines parties de notre législation hypothécaire. Témoin de l'insuffisance et, par suite, de l'échec de ses réformes partielles et superficielles, il a voulu quelque chose de plus et de mieux ; il a porté plus haut et plus loin ses visées. Ce qu'il s'est proposé, c'est, n'en déplaise aux admirateurs quand même du Code Napoléon, aux adorateurs obstinés de ce qui est, aux ennemis jurés de ce qui peut ou doit être, c'est, pour nous servir de ses expressions, " une réforme radicale et complète, " la création d'un nouveau système de garanties et de transmissions immobilières — nouveau pour nous, Français, imbus et nourris que nous sommes d'idées romaines ou coutumières, mais, on le verra bientôt, ancien et même fort ancien sur notre terre algérienne, si on n'a égard qu'à son idée-mère et à son principe, abstraction faite de quelques-unes de ses modifications et de ses conséquences.

M. Primard ne s'est pas contenté de reconnaître, de constater et de proclamer avec plus d'un jurisconsulte ou publiciste de notre temps, la nécessité d'une révision et d'une amélioration soit partielle, soit même générale, du titre XVIII du livre III de notre Code civil. Tout en appréciant à sa juste valeur l'œuvre si considérable et si progressiste, lors de sa création, mais aujourd'hui si incomplète et si attardée, des législateurs de 1804, il s'est dit avec la conviction d'un homme qui peut tout à la fois montrer le mal et indiquer le remède:

" A quoi bon ces améliorations et ces réformes? De

vrai, qu'est-ce que tout cela, sinon d'insuffisants palliatifs? Attaquons, détruisons jusque dans sa cellule le germe morbide qui ronge et dévore le crédit et la propriété! Que désormais, grâce à l'extirpation de ce germe, le sol, qui, d'après un de nos plus savants magistrats, est ce qui présente le plus de sûreté en apparence, mais est, en réalité, le gage auquel on se fie le moins et qu'on redoute le plus (1), que le sol soit ce qu'il est, ce qu'il sera toujours, ce qu'il ne peut pas ne pas être, — l'assise certaine, la base inébranlable, le fondement nécessaire, en un mot, la garantie réelle du crédit et des transactions immobilières! Procéder autrement, — par des ménagements impuissants, par des transitions sans portée sérieuse, par des tâtonnements stériles, laisser debout une construction juridique qui, à certains égards et prise dans son ensemble, a fait son temps, et qui est irrémissiblement condamnée à tomber, — c'est se résigner à un rôle indigne de quiconque sait qu'il ne s'agit plus, à l'heure qu'il est, ni de radouber pour la centième fois le vénérable, mais vermoulu navire Argo, ni de recommencer sans fin l'interminable toile de Pénélope. A des besoins nouveaux, à une société nouvelle régie par des principes économiques que ne connaissait pas l'ancienne, il faut des lois et des institutions nouvelles. Donnons-lui ces lois, dotons-la de ces institutions! »

Il s'est dit ces choses, et, au risque de passer aux yeux de certaines gens habitués à ne regarder qu'en arrière, pour un Érostrate de notre législation hypothécaire, il s'est mis résolument à l'œuvre, un marteau

_____

(1) Dupin aîné.

d'une main, mais aussi, hâtons-nous de le déclarer, une truelle de l'autre.

Possesseur d'une idée plus avancée que celle à laquelle nous devons le Crédit foncier, — cet étroit et timide acheminement vers des progrès de plus d'une sorte, ensevelis dans les ténèbres d'un avenir incertain et éloigné, ce premier pas vers un état de choses qui n'apparaît à l'horizon que comme un point fugitif et obscur, — il a conçu le dessein de douer, pour ainsi dire, tout d'un coup, la propriété française et la propriété algérienne d'un degré de confiance et de richesse jusqu'ici inconnu, de cette force de circulation qui est au capital ce que le mouvement est à la matière, ce que l'âme est au corps, et de l'assimiler " à la pièce de cinq francs et au billet de Banque " (1).

Entreprise audacieuse, sans doute, ou tout au moins hardie, mais qui n'a rien d'étrange ni de déraisonnable, si on songe que pour M. Primard, d'accord en cela avec d'éminents esprits, notre édifice hypothécaire, déjà battu en brèche et sapé dans sa base par plusieurs lois récentes, ne tient plus guère debout que " grâce à la difficulté de le remplacer par un autre. "

C'est cette difficulté qu'il a voulu vaincre.

On n'a qu'à lire son travail pour s'assurer qu'il ne s'en est pas dissimulé la grandeur et que ce n'est qu'après l'avoir reconnue de tous côtés et sondée sur tous les points, qu'il en a fait l'assaut.

Est-il parvenu à l'emporter ? Sur les débris du vieil édifice, a-t-il été assez heureux pour en élever un nouveau ? Et les bases de sa création, car il ne s'agit de

____

(1) Proudhon, *Idée de la Révolution.*

rien moins que cela, sont-elles assez solides pour dé-
fier, avec plus de succès que celles de l'œuvre napo-
léonienne, la triple et redoutable épreuve de la raison,
de l'expérience et du temps?

Voilà la question !

I

Comment M. Primard y a-t-il répondu?

Disons-le tout de suite et disons-le sans détours ni
ambages : — De la façon du monde la plus radicale et,
à première vue, la plus excentrique et la plus téméraire,

— Par la suppression des priviléges, des hypothèques, des actions réelles et de la prescription.

Plus de priviléges, plus d'hypothèques, plus d'actions réelles, plus de prescriptions !

Tel est, en effet, le résumé aussi complet qu'exact
du travail de M. Primard.

— Mais, s'écriera-t-on sans doute, n'est-ce pas là
un paradoxe, plus que cela, une hérésie, une énormité
juridique, rappelant certains procédés de certaine philosophie qui, pour se débarrasser de certaines vérités,
de Dieu, par exemple, en décrète tout bonnement la
suppression?

Avouons-le franchement, nous qui traçons ces lignes,
lorsque, pour la première fois, nous avons lu, dans la
brochure de notre auteur, ces mots *terrifiants* : suppression des priviléges, etc., écrits en toutes lettres,
— cédant à une impression spontanée et d'autant plus
facile à comprendre que nous ne nous attendions nulle-

ment à y trouver comme un reflet des idées de M. Decourdemanche, si vertement lancées par Troplong dans une préface célèbre (1), — nous nous sommes tout d'abord défié de son œuvre et nous avons failli la relég   un: l'île d'Utopie.

Voila, o   sommes-nous dit, voilà bien la cognée du vandale ! Tout supprimer, tout détruire, et sous prétexte de tout remplacer et de tout reconstruire, semer autour de soi la ruine et le néant !

Comment donc? Est-il possible que notre législation hypothécaire, fruit de tant d'expériences, de tant d'études et de tant de discussions, objet de tant d'améliorations et de perfectionnements, louée par tant de jurisconsultes, admirée par tant de publicistes, adoptée par tant d'États, est-il possible qu'elle soit destinée à tomber sous les coups d'un novateur solitaire ? Est-il vraisemblable qu'un ensemble, aussi savamment conçu et aussi logiquement coordonné, de dispositions légales se rattachant par mille endroits aux parties les plus fondamentales de notre droit civil, et auxquelles, depuis trois quarts de siècle, le législateur n'a touché qu'à de longs intervalles et d'une main tremblante et respectueuse, est-il vraisemblable qu'elle soit condamnée à s'évanouir demain, à l'instar d'un vain et fantastique amas de nuages, devant les splendeurs d'une vérité jusqu'ici méconnue?

Mais, tout considéré, et nous souvenant que, si ancienne et si universelle qu'elle soit, l'erreur ne prévaut jamais contre la vérité, et que l'histoire du Droit en général, et du Droit français en particulier, offre plus

---

(1) Préface du *Commentaire des hypothèques.*

d'un exemple de prétendues vérités détrônées, après
un plus ou moins long règne, par de prétendues er-
reurs, — ces objections, et une foule d'autres que le
lecteur peut aisément suppléer, auraient suffi, à défaut
de tout autre mérite, pour nous déterminer à lire et
relire l'essai de M. Primard, attentivement, sans parti
pris et sans prévention, notant impartialement et in-
génument, au fur et à mesure de notre lecture, nos
remarques, nos appréciations, nos éloges et nos critiques.

Voici donc, sans apprêt et, si nous osons le dire,
dans toute leur nudité, les notes que nous avons prises
au courant de notre pensée.

Ou nous nous trompons fort, ou elles présenteront la
photographie critique, mais réduite à ses plus étroites
proportions, des idées de M. Primard aussi bien que
de nos propres idées.

Commençons par donner la parole à celles de M.
Primard.

Autant que possible, nous reproduirons les termes
mêmes de l'auteur. Ils sont si précis, si substantiels et
généralement si techniques, qu'en vérité, à procéder
autrement, il y aurait tout à la fois de notre part peine
perdue et inexcusable témérité.

Frappé, dit-il, des embarras sans nombre suscités
par notre système hypothécaire à la transmission et au
crédit de la propriété immobilière, il a cherché à lui
substituer un mode de crédit et de transmission plus
simple, plus rapide et moins onéreux.

Rejetant tout palliatif, tout terme moyen, toute demi-
mesure, " sinon pour la France, du moins pour l'Al-

gérie, " il n'est, à ses yeux, qu'un remède contre les effets déplorables et désastreux de ce système : c'est la destruction de leurs causes.

Or, ces causes, c'est le manque absolu de sécurité, la complication des formes, les lenteurs de la procédure, l'énormité des frais.

Donc, nécessité de mettre à leur place une garantie certaine, des formes simplifiées, une procédure prompte et économique.

Mais comment atteindre ce triple résultat?

En supprimant les hypothèques et les priviléges, en substituant les actions personnelles aux actions réelles, en abolissant la prescription, en d'autres termes, en reconstituant la propriété et le crédit sur de nouvelles bases : — la plus grande publicité et la plus grande certitude possible sur l'état du débiteur, et, par *le droit le plus absolu* sur cet immeuble, la plus grande sécurité possible du créancier.

Hoc opus! Voyons si cette reconstitution repose sur les fondements solides de la réalité des choses, ou sur les étais chimériques d'une " vaine spéculation ".

Il est si facile et si dangereux de se laisser séduire par le mirage trompeur de la théorie!

II

M. Primard, pour prouver que sa pensée " était conçue, étudiée, mûrie depuis des années, et empruntait quelque autorité à la nature de ses fonctions et à une longue expérience des affaires ", devait donc la mettre préalablement à l'examen, en contact avec les conditions essentielles de la *consolidation* et de la *transmission* de la propriété, de la garantie du *crédit*, du mode de réalisation ou d'adjudication de l'immeuble objet de cette garantie, et enfin de la *distribution* des deniers provenant de cette réalisation.

Et c'est ce qu'il a fait.

La consolidation ou mieux la *certification* de la propriété s'opérerait par la concentration de toutes opérations immobilières d'une circonscription judiciaire, entre les mains du notaire de cette circonscription, lequel notaire serait chargé de recevoir tous actes relatifs à la propriété immobilière.

A cet effet, le ressort de chaque justice de paix serait divisé en sections exactement et rigoureusement circonscrites.

Il y aurait un notaire pour chaque section.

Entre les mains de chaque notaire et dans un délai déterminé, seraient déposés tous titres de propriété de sa circonscription.

Egalement dans un délai préfixe, après examen de ces titres, et pour le cas de leur régularité, tout notaire serait tenu de délivrer, d'après un cadre uniforme, un certificat contenant toutes indications et toutes désignations nécessaires pour en faire connaître le propriétaire, la contenance, les bornes, les charges, bref, l'état matériel et juridique. — En cas d'irrégularité, ce notaire constaterait la nature de cette irrégularité et ajournerait la remise du certificat de propriété jusqu'à parfaite régularisation, — s'il n'y avait pas contestation sur les prétentions élevées et consignées dans un registre spécial, pendant le délai d'examen, — et, s'il y avait contestation, jusqu'à ce que la décision intervenue fût passée en force de chose jugée.

L'état de l'immeuble une fois consolidé ou certifié, sa transmission, s'il s'agit de propriété, d'usufruit, de servitude, etc., se ferait, à peine de nullité radicale, par acte public et dans un court délai, par le ministère du notaire de sa circonscription, astreint à tenir un registre *ad hoc* pour toutes les mutations de cet immeuble.

Le crédit fait à la propriété immobilière serait garanti par un droit réel, un *gage immobilier*, conférant au créancier, sur l'immeuble du débiteur et par la seule volonté de celui-ci, une *préférence absolue* sur les autres créanciers, et par l'interdiction au débiteur de consentir, sans l'agrément du créancier, aucun acte quelconque pouvant modifier, n'importe comment, un droit quelconque de propriété sur cet immeuble.

Quant aux poursuites du créancier gagiste, rien de plus simple. A défaut de paiement à l'échéance, le créancier signifierait au débiteur et au notaire, dénoncerait aux tiers, fermiers ou autres, un commandement valant saisie réelle, déposerait le cahier des charges chez le notaire, et le dénoncerait au débiteur, avec fixation d'un délai de quinze jours au moins et de soixante jours au plus du jour de l'adjudication en l'étude de ce notaire.

Les effets de l'adjudication seraient les mêmes que ceux de l'adjudication actuelle par voie de conversion sur saisie immobilière.

Les poursuites des tiers ou créanciers ordinaires sans gages, ne seraient pas plus compliquées. Elles ne pourraient être empêchées ni suspendues par l'existence

d'un gage ; elles seraient les mêmes que celles du
créancier avec gage, et si l'immeuble était affecté à un
créancier gagiste, les divers actes de la procédure
devraient être simultanément dénoncés à ce créancier.

Pour la distribution du prix, elle serait l'œuvre du
notaire qui aurait procédé à la vente, et elle s'achéve-
rait dans le délai fatal de trois à six mois.

C'est ainsi que M. Primard compte arriver à la
solution, par la voie la plus expéditive et la plus économique, d'un problème qui, aujourd'hui comme en
1806, n'est autre que la conciliation du crédit le plus
étendu du débiteur propriétaire de la terre, assiette de
ce crédit, avec la plus grande sûreté du créancier.

Comme on le voit, à supposer que cette solution soit
théoriquement et pratiquement vraie, M. Primard aura
réellement trouvé ce que le Code Napoléon s'était vainement flatté d'avoir découvert, " le moyen d'éclairer
chaque citoyen sur l'état véritable de celui avec qui il
traite, de sorte que de deux parties contractantes qui,
désormais, connaîtraient leur situation respective, l'une
n'obtiendrait que ce qu'elle mérite, l'autre n'accorde-
rait que ce qu'elle peut accorder sans risque, et qu'il
n'y aurait de part et d'autre ni réserve déplacée, ni
surprise fâcheuse " (1).

Tel est, en résumé, l'organisme, telle la forme extérieure, tel le corps du système Primard.

Voyons maintenant, il en est temps, quel en est le
ressort principal, le fond intime, l'âme.

---

(1). Treilhard, *Exposé des motifs*. 24 vent. an XII.

Assurément, en toute matière, et alors surtout qu'il s'agit d'une innovation rompant en visière avec le passé, il est naturel de se demander si, d'aventure, cette innovation ne ressemblerait pas à cette mule incomparable de l'*Orlando* d'Arioste, à laquelle il ne manquait rien, absolument rien.... que la vie !

III

Mais qu'est-ce qui constitue la vie, la vie prise dans son acception la plus compréhensive et la plus élevée, de toute innovation, et surtout d'une innovation revêtue, à n'importe quel degré, d'un caractère public et social, et, par exemple, d'une innovation juridique intéressant tout à la fois la fortune mobilière et immobilière des citoyens, se rattachant à toutes les transactions privées, et, selon qu'elle sera bien ou mal inspirée, pouvant donner le mouvement au crédit particulier et public, ou en être le tombeau (1)?

Est-ce la vérité théorique ou idéale? Mais que de vérités de cette sorte échouent, impuissantes et vaines, devant les impérieuses réalités de la vérité pratique et matérielle !

Est-ce sa vérité pratique, sa réalisation? Mais tout ce qui est praticable, tout ce qui est réalisé ne répond pas toujours aux exigences non moins impérieuses de la vérité idéale et théorique.

Est-ce son utilité générale? Mais combien de fois ce qui est généralement utile n'a-t-il pas été négligé par

_____

(1) Réal, conseiller d'État.

la plus sotte insouciance, et même repoussé par le plus injuste dédain?

Est-ce enfin son opportunité certaine? Mais à quoi bon l'opportunité d'une idée ou d'une institution, si ceux à qui elle s'adresse ne sont pas convaincus qu'elle réunit toutes les conditions d'un succès assuré?

Qu'est-ce donc?

Vérité théorique, vérité pratique, utilité générale, opportunité certaine? — Tout cela, sans doute ! mais, dans la plupart des circonstances, plus que tout cela ! Tant l'homme est, de sa nature, coutumier, asservi, enchaîné à ce qui est, indifférent, apathique, rétif pour ce qui doit être, mais a le tort de n'être pas encore !

Or, la dernière et suprême condition d'une pareille idée, c'est son absolue nécessité.

Nous l'avons dit ailleurs, et nous ne saurions trop le redire : Quand une idée nouvelle, ou réputée telle, se produit dans le monde, — si elle s'attaque à un fait ancien, à une institution entourée du respect de plusieurs générations, si par suite elle a à lutter contre les préjugés de la routine, les résistances de la prévention, les oppositions de l'intérêt, les brutales négations de l'ignorance, ou, qui pis est, les railleuses opiniâtretés d'une fausse science ; si, pour parler avec Bacon, elle a mission d'abattre la fantastique idole du passé pour dresser sur son piédestal la vivante statue de l'avenir, — oh! alors, malheur, trois fois malheur à elle, à moins qu'elle ne se recommande et ne s'impose à toutes les volontés comme logiquement nécessaire, en même temps qu'elle s'offre et s'affirme à toutes les intelligences comme matériellement réalisable !

Sans cela, si vraie, si utile, si opportune soit-elle, elle ne pourra vivre, elle ne vivra pas.

Or, que l'idée de M. Primard soit non-seulement viable, mais encore douée d'une puissante vitalité, en d'autres termes, qu'elle soit tout à la fois possible, utile, opportune et nécessaire, qui pourrait en douter?

Quoi de plus possible, en effet, que le dépôt dans l'étude d'un notaire de tous les actes de propriété immobilière de sa circonscription, la délivrance par ce notaire transformé en officier de l'état-civil de cette propriété, du certificat constatant son état, la passation en forme authentique devant ce notaire de tous actes translatifs de propriété, et l'enregistrement par ce même notaire, de toutes les mutations d'immeubles, en un mot, et pour nous servir d'une expression consacrée par la législation prussienne, autrichienne et bavaroise, l'*intabulation* ou inscription sur les registres à ce destinés et où chaque fonds de terre a un compte ouvert, de tout acte et de tout droit de propriété, d'usufruit, de servitude, d'antichrèse, d'emphytéose, de retour, de réméré, etc., de tous droits réels restreignant ou étendant, grevant ou augmentant la valeur intrinsèque et vénale de ce fonds?

Quoi de plus utile et de plus opportun qu'un système de garantie satisfaisant, comme le voulait Rossi, aux deux besoins de notre état social : " la rapidité des opérations et la sûreté des affaires ? " Ces opérations, ces affaires, ces transactions de tout ordre et de toute importance, depuis celles des nations jusqu'à celles des individus, furent-elles jamais plus nombreuses et plus fréquentes ? Et pour ne parler que des transactions immobilières, consultez les répertoires du notariat, les annales de l'enregistrement, les registres des conservations d'hypothèques! Le morcellement de la propriété rurale, issu de sa démocratisation par nos lois de succession égalitaire, ne tend-il pas à s'étendre et à se propager tous les jours davantage? Et grâce à la révolution économique qu'il a accomplie sur le *marché immobilier*, — révolution domestique d'abord, mais dès à présent et, sous plus d'un rapport, sociale, favorisée et développée qu'elle est d'heure en heure par une plus grande facilité de communications individuelles et internationales, par un mouvement plus considérable d'intérêts, par le déplacement plus contagieux et plus continu des hommes et des choses, — le moment ne semble-t-il pas approcher où, dégagée et affranchie de toutes entraves légales et de toute pondération de droits rivaux et incertains, la terre, ce capital des capitaux, prendra enfin les libres et promptes allures d'un sol, pour ainsi dire mobilisé, qui serait, à peu de chose près, à la création du crédit immobilier et à la transmission des immeubles, ce que sont au crédit à la transmission de la propriété mobilière, le coupon de rente sur l'État et le billet de la Banque de France?

Or, c'est là, ne le perdons pas de vue, c'est là le résultat qu'ambitionne M. Primard.

Mais peu importerait l'utilité, peu importerait l'opportunité, ou, si vous aimez mieux, l'*actualité* de son système, s'il n'était frappé au coin d'une incontestable et absolue nécessité. La nécessité, voilà la grande, l'inévitable loi, l'irrésistible raison d'être de toute institution véritablement ar tout ce qui est nécessaire est légitime, et tout ce qui est légitime doit être et sera tôt ou tard.

Si cela est vrai de toute institution en général, à plus forte raison l'est-il de toute institution juridique en particulier. Le droit, c'est la vie, a dit très-justement un historien philosophe ; ne pourrions-nous pas dire, nous : La nécessité, c'est le droit ?

Mais le système de M. Primard, considéré dans son état originaire, en dehors de la loi sur la transcription, est-il nécessaire ? Et, à supposer qu'il le fut en 1853, quand il publia sa brochure, a-t-il cessé de l'être depuis 1855, date de cette loi ?

Poser ces questions, c'est demander, en d'autres termes, si, aujourd'hui comme en 1804, lorsque Cambacérès, en plein Conseil d'Etat, proclamait le principe de publicité consacré par la loi de brumaire an II, comme en 1855, lors du rétablissement dans nos lois de la transcription en matière hypothécaire, " il faut que chacun sache ce que la législation a voulu faire savoir à tous : que tel immeuble dans tous les cas et, dans certains cas seulement, tel meuble, appartenant ou présumé appartenir au vendeur ou à l'emprunteur, est, oui ou non, au moment de l'aliénation ou du prêt, grevé au profit d'un tiers, d'un démembrement de propriété ou d'un droit quelconque. "

Si oui, et la négative ne saurait être un instant supposée, il ne s'agirait plus que de rechercher si, même à présent, sous l'empire d'une loi hypothécaire si profondément améliorée par la transcription, tous savent toujours, ou, ce qui est la même chose, tous peuvent toujours savoir ce que chacun est si fort intéressé à n'ignorer jamais, sous peine de faire une acquisition imprudente ou un prêt téméraire.

Que si, de recherche en recherche, nous parvenions à constater qu'étant donné notre système de priviléges et d'hypothèques, les actions qui en découlent et la procédure qui s'y rapporte, il est non-seulement difficile, mais encore et trop souvent impossible d'avoir la certitude qu'on acquiert ou qu'on prête sans danger ; que, dès lors, il n'est de transactions absolument sûres que celles qui s'opèrent *grœco more* ou au comptant, force nous serait de convenir que la substitution à ce système d'un droit certain de gage immobilier, donnant certainement au créancier vendeur ou prêteur, vis-à-vis des tiers, un droit absolu sur la chose engagée, pourrait bien être, de tous les systèmes de crédit, le seul rationnel, parce que seul il répondrait de tous points au premier besoin du crédit, à son besoin d'infaillible sécurité.

Mais, on l'a pressenti sans doute, pour en arriver là, il serait indispensable de démontrer qu'en thèse générale, toute transaction hypothécaire est dangereuse ; que son danger est surtout et presque toujours inhérent à la nature des hypothèques et des priviléges, et que, pour échapper à ce danger, il est nécessaire de supprimer ces priviléges et ces hypothèques.

Mais ce n'est pas tout !

Cette triple démonstration faite, il resterait encore à examiner si le système de M. Primard assure et protége contre tout péril des droits laissés sans garantie certaine par le Code Napoléon.

En cas d'affirmative, peut-être serions-nous autorisé à dire avec raison de ce système ce que le très-savant mais très-orgueilleux Dumoulin disait à tort de quelques-unes de ses opinions : La vérité est là, la vérité toute entière, la vérité elle-même, *ipsissima veritas est!*

Mais cette démonstration est-elle possible, et cet examen sera-t-il favorable à M. Primard?

IV

Trêve aux préliminaires et aux considérations générales.

Prenons enfin le taureau par les cornes, et pour n'être ni accusé ni soupçonné de combattre un ennemi chimérique ou imaginé à plaisir en vue du facile triomphe d'une cause désespérée et perdue, attaquons-le de front et, si j'ose le dire, au cœur même de sa citadelle, sur le terrain le plus propice au libre maniement de ses armes et à l'entier déploiement de ses forces ; laissons-lui toute franchise de mouvements et d'évolutions, et ménageons-lui, s'il le faut, l'occasion et le choix de la position la plus propre à le préserver de nos coups et à nous exposer aux siens.

Certes, il faut bien l'avouer, si, dans des conditions semblables, si, avec de pareils avantages, il lui est impossible, absolument impossible de résister victorieusement aux assauts du système Primard, ou la logique n'est qu'un mot, ou le juge du camp, la raison publique, après avoir assisté, attentif et impartial, aux diverses péripéties et au dénouement suprême du combat, proclamera sans hésiter son irrémédiable défaite.

Donc, la loi sur la transcription à la main, cette loi qui, tout le monde l'admet, n'a été édictée que pour combler certaines lacunes et corriger certains vices du Code Napoléon, " en procurant aux tiers acquéreurs d'immeubles ou créanciers hypothécaires " et privilégiés dont elle a la prétention d'être le bouclier protecteur, " la publicité matérielle, durable et facile des mutations et des démembrements ou charges de la propriété immobilière, " supposons une vente d'immeubles et une obligation hypothécaire dégagées de tout fait, de toute circonstance juridique, et en dehors de tous cas exceptionnels, prévus ou non par la loi elle-même, et à l'abri de tout incident anormal.

Ainsi, pas de contestation possible, soit sur la validité et la régularité de l'acte transcrit ou du bordereau inscrit, soit sur la validité et la régularité de la transcription de cet acte ou de l'inscription de ce bordereau; — pas de priviléges de vendeur ou de copartageant se révélant à notre acquéreur ou à notre créancier, nonobstant toute transcription de leurs actes, dans le délai de quarante-cinq jours de la vente ou du partage; — pas d'action résolutoire exercée par le vendeur avant l'extinction de son privilége ; — pas d'inscription d'hypothèques légales dans l'année qui a suivi la dissolution du mariage ou de la tutelle.

Voulez-vous quelque chose de plus? Supposons encore, pour réduire à son maximum de simplicité l'hypothèse favorable au système avec lequel il nous tarde d'en venir aux mains, que la propriété de notre acquéreur ne peut être frappée d'aucune action rescisoire, et que l'hypothèque de notre créancier n'aura à redouter aucun conflit avec d'autres hypothèques, simples ou privilégiées;

Voilà bien, n'est-ce pas? notre acheteur et notre

prêteur placés dans l'hypothèse la mieux faite pour les sauvegarder de toute atteinte, que dis-je? de toute prétention hostile de la part des tiers! Rassurés, le premier, par la transcription de son contrat, le second, par l'inscription de son hypothèque, connaissant ou croyant connaître, tous les deux, par une voie légale, la seule qui leur soit tracée, l'état de l'immeuble objet de leur propriété ou de leur hypothèque, tous les deux protégés contre des droits rivaux ou frauduleux dont ils eussent pu être victimes, l'un en achetant, l'autre en recevant comme garantie un immeuble sorti, à un titre quelconque, par une transaction antérieure et occulte, du patrimoine de celui qui le lui a vendu ou hypothéqué, — qu'est-ce donc qui, plus tard, troublerait leur sécurité?

De deux choses l'une : Ou la transcription sert à quelque chose, ou elle ne sert à rien. Si elle sert à quelque chose, si, comme on l'a voulu et comme on l'a dit, elle doit être le palladium de la propriété et du crédit vis-à-vis de tous, la révélation légale de tous droits et charges pesant sur un immeuble au moment de la transmission ou de l'affectation hypothécaire de cet immeuble, conçoit-on qu'alors que cette révélation n'a rien fait connaître à l'acquéreur ou au prêteur qui puisse légitimement l'inquiéter ; qu'au contraire, tout semble concourir, tout concourt, en effet, à lui inspirer la plus profonde quiétude, et que, plein de confiance en ce *quod plerumque fit*, qui est le mobile et la règle de tous les actes de la vie civile, il a mille raisons de se croire ou paisible et à tout jamais incontestable propriétaire de l'immeuble à lui vendu, ou créancier ayant sur l'immeuble hypothéqué une créance, un droit de garantie certain et absolu ; — conçoit-on qu'un tiers acquéreur ou créancier s'avise un jour de leur tenir cet effrayant et juridique langage : Halte-là, propriétaire imprudent, créancier téméraire ! Votre acquisition n'est qu'un rêve, votre garantie, qu'un fantôme ! Sirène enchanteresse, mais trompeuse, comme toutes les Sirènes, la loi vous a bercé d'une fausse sécurité. Réveillez-vous et reconnaissez votre dangereuse illusion ! Ne voyez-vous pas fondre de toutes parts sur vous la redoutable horde des tiers intéressés à contester votre propriété et votre hypothèque, — armés, ceux-ci, d'un droit de propriété ou de créance, antérieur ou préférable au vôtre, ceux-là d'un droit de servitude ou autre qui en démembre, en altère ou en diminue la valeur, — tous, à des titres divers, poursuivant contre vous le même but, qui est l'exercice sur l'immeuble à vous vendu ou hypothéqué, d'un droit de propriété ou de créance, distinct et exclusif du vôtre?

— Mais, dites-vous, pourquoi nous causer tant d'alarmes? N'avons-nous donc pas fait tout ce que nous pouvions et tout ce que nous devions faire ? Ne nous sommes-nous pas conformés à toutes les prescriptions de la loi ? N'avons-nous pas sérieusement, scrupuleusement, interrogé l'état sur transcription et l'état d'inscriptions concernant cet immeuble? N'est-ce pas sur leur rassurante réponse que nous avons consenti à verser nos fonds ? Nous était-il légalement possible d'agir avec plus de prudence, et si pour nous investir et nous nantir au regard de tous, de la propriété ou de la garantie de ce même immeuble, nous avons concouru de toutes nos forces à l'accomplissement de *l'œuvre* et du *devoir* de la loi, qui oserait nous en *dévêtir* et nous en *dénantir* ?

Eh bien ! oui, légalement, ou, si vous le voulez, humainement parlant, vous n'avez rien omis, rien négligé ! Mais est-ce bien de cela qu'il s'agit ? Qu'importe que vous ayez, en quelque sorte, épuisé les moyens de vérification et d'information préalables ? Qu'importe que, guidés par la loi, mus par votre intérêt, éclairés par de sages, mais non infaillibles conseils, vous vous soyez prémunis, dans la mesure du possible, contre toute attaque, contre toute invasion d'un droit étranger, si tel est le défaut viscéral, irréparable de votre armure, qu'eussiez-vous fait mille fois plus encore, non moindre serait peut-être votre radicale impuissance à éviter ou à repousser, sains et saufs, les traits de l'ennemi ?

Et ne croyez pas que ce soit là la boutade gratuite d'un esprit systématiquement pessimiste ou fanatiquement détracteur de ce système de transmission et de crédit qui, à l'aide de la transcription, n'aspire à rien moins qu'à vous couvrir vis-à-vis des tiers, d'une impénétrable cuirasse ! Voyez plutôt, et voyez de vos propres yeux, sans que rien du dehors ne vienne intercepter les rayons de la vérité !

Aux termes de l'article 1ᵉʳ de la loi sur la transcription, de son article 2 qui n'en est que le commentaire, et des articles 3 et 4 qui en sont le corollaire et la sanction, quels sont les droits résultant d'actes ou de jugement qui doivent être transcrits, et quels sont les droits des tiers auxquels ils ne peuvent être opposés avant d'avoir été transcrits, — *jusqu'à la transcription ?*

Passons-les rapidement en revue, et prouvons, par leur mise en mouvement et leur jeu réciproque, que, dans notre hypothèse et, *à fortiori*, dans toute hypothèse, nul acquéreur, nul créancier, en présence de ces droits, en face de leur concurrence et du conflit qui en naîtra nécessairement, ne sera *absolument* certain ni d'être pleinement et incommutablement propriétaire de l'immeuble par lui acquis, ni d'être intégralement et incontestablement remboursé de la créance garantie par cet immeuble.

V

C'est ici surtout que nous avons besoin de toute l'attention de nos lecteurs.

Nous touchons au vif de notre problème, et nous voudrions le trancher d'un seul mot ! Mais pouvons-nous oublier qu'à notre grand regret, notre tâche consiste à en délier et non à en trancher le nœud, et ne savons-nous pas, par une expérience de tous les jours, que, selon une profonde et impériale pensée (1), si une trop grande simplicité dans les textes législatifs est souvent ennemie du Droit et de la Justice, une trop grande brièveté dans les méditations juridiques est rarement amie de l'exactitude et de la clarté ?

Suivons donc l'antique précepte : *Inter utrumque* (2) ! Pour atteindre à pas précipités, mais sûrs, notre dernière et plus laborieuse étape, traversons, sans nous attarder devant elles, et les contradictoires opinions de

____

(1) Napoléon Iᵉʳ, Discussion au Conseil d'Etat.
(2) *Inter utrumque tene medium tutissimus.* Ovid. *Metamorph.*

la doctrine, et les flottantes décisions de la jurisprudence ! mais éclairés par les lumières théoriques de
celle-ci, et instruits par la sagesse pratique de celle-là,
marchons résolument vers le terme jusqu'ici à peine
entrevu de notre itinéraire, allons droit à la loi, et ne
consultons que son texte, interprété, autant que possible, par la loi elle-même.

Ne sortons pas de là ! Rapprochée de la loi de Brumaire et combinée avec le Code Napoléon, que cette
loi, la loi sur les transcriptions hypothécaires, soit pour
nous ce qu'elle est pour tous, — l'infranchissable cercle
de Popilius où sont écrites, en style malheureusement
trop concis et pas toujours assez clair, les formules
générales d'un droit nouveau et complémentaire, va-
guement et insuffisamment déduites d'un droit ancien
et incomplet, — et, de peur de nous égarer dans les
fastidieux détails d'une interminable nomenclature,
contentons-nous de poser en fait qu'elle règle trois
sortes de droits réels, tous de même nature, conver-
geant vers le même but, quoique différant par leurs
conditions d'existence et leur portée, trois sortes de
droit, pouvant, à un moment donné, se disputer entre
eux, simultanément et concurremment, mais pour des
causes et par des voies diverses, un seul et même
immeuble.

Ce sont d'abord les droits de propriété ou susceptibles d'hypothèque, pleinement transférés sur cet immeuble par tout acte entre vifs, translatif, constitutif,
renonciatif, ou par tout jugement, déclaratif, adjudi-
catif, résolutoire, annulatif ou rescisoire de cette propriété et de ces droits.

Ce sont ensuite les droits de possession plus ou moins

étendue, entière ou partielle, conférés sur l'immeuble ainsi transmis, — droits résultant de tout acte passé, de tout jugement rendu dans les mêmes circonstances, en matière d'antichrèse, de servitude d'usage, d'habitation, de baux de plus de dix-huit ans, et, s'il s'agit de baux de moindre durée, de quittances ou de cessions d'une somme équivalente à trois années de loyers ou fermages non encore échus.

Ce sont enfin les droits des créanciers privilégiés ou hypothécaires, patronnés par les articles 2123, 2127 et 2128 du Code civil, le droit pour la femme mariée de céder son hypothèque légale ou d'y renoncer, et, pour tout vendeur, celui d'exercer, en cas de non-paiement, l'action résolutoire.

Ainsi, au regard des contractants eux-mêmes comme au regard des tiers, dans leurs rapports avec les contractants, et, pour les uns comme pour les autres, reposant sur l'immeuble objet direct ou indirect de leurs transactions :

Droits de propriété, droits de possession, droits de créance, trois catégories de droits réels, de *jura in re*, grevant entre les mains de tout détenteur quelconque l'immeuble qui en est affecté, et, pour parler l'expressif langage des vieux jurisconsultes italiens, s'attachant à ses flancs *sicut lepra cuti*, comme la lèpre à la peau, —

Trois espèces de droits créés ou conservés les uns à l'égard des autres par la transcription opérée, ou par l'inscription prise, dans les cas et sous les conditions déterminées par la loi du 23 mars et par le Code, —

Trois classes de droits à caractères distincts et distinctement *conditionnés*, destinés à vivre et à se mouvoir côte à côte et sans collision entre eux, par cela seul que, grâce à un système de publicité tutélaire, ils sont tous censés se connaître.

Pourquoi donc, sur le champ clos de cet immeuble, leur assiette commune, et en dépit d'une loi qui a entendu maintenir parmi eux la concorde et la paix, voyons-nous chaque jour la discorde et la guerre éclater? Pourquoi ces droits, tout-à-coup transformés en frères ennemis, s'y livrent-ils avec acharnement une bataille sans trève ni merci, la bataille hypothécaire?

Assurément, si tous les droits compris dans les catégories que nous venons d'esquisser, avaient été formellement prévus, nettement réglés par la loi sur la transcription et par la loi hypothécaire ; — si ces lois, qui n'en ont énuméré et défini que quelques-uns, les avaient tous énumérés et tous définis, — assurément, tant et de si graves conflits n'auraient aucune raison d'être : car à chacun d'eux ces mêmes lois auraient dit, en les menaçant de leur souverain *Quos ego : Là* est ton domaine ; tu iras jusque là ; tu n'iras pas plus loin !

Mais, comment en douter? il n'en va pas ainsi.

En dehors des droits explicitement, nominativement mentionnés, reconnus, réglés par notre charte hypothécaire, il en est et à chaque instant il en survient d'autres, tout aussi certains, tout aussi vivaces, tout aussi puissants, dont cette charte n'a pas même parlé, et qui forment une quatrième catégorie de droits réels, d'autant plus dignes d'être signalés, d'autant plus redoutables, que rien, dans la plupart des cas, ne trahit ou n'annonce leur présence; — termites invisibles et belliqueux, ne se révélant au grand jour et dans tout l'éclat de leur force qu'au moment solennel où acquéreurs, tiers acquéreurs et créanciers comptent jouir en parfaite sécurité d'une propriété, d'une possession ou d'un gage profondément minés par le travail destructeur de leur occulte vandalisme !…

Mais est-il vrai que de ces droits, de ces droits qui, nous allons le voir, méritent de s'appeler *Légion*, tant ils sont nombreux et, qu'on nous passe le mot, fortement disciplinés, la loi, par une incroyable légèreté et par une impéritie plus incroyable encore, ne s'en soit pas plus occupée que s'ils n'existaient pas ? Est-il vrai que, malgré sa volonté, hautement déclarée, de porter le flambeau de la publicité sur tous les droits pouvant troubler, compromettre ou ruiner les aliénations d'immeubles et les transactions hypothécaires, le législateur ait imprudemment laissé dans l'ombre et le mystère des droits empruntant toute leur puissance à leur obscurité et à leurs ténèbres, quand pourtant il ne tenait qu'à lui de projeter, sur eux aussi, par l'impérieuse obligation de les inscrire ou de les transcrire, la lumière et le jour d'une publicité révélatrice, et, comme le Jéhovah du poëte, pour dissiper leur ligue, n'avait qu'à les montrer ?

C'est ce que nous ne craignons pas d'affirmer, et ce qui va ressortir avec une foudroyante évidence de l'examen de notre double hypothèse, type simple, primitif et, si j'ose le dire, générateur de toutes les autres hypothèses.

VI

Première hypothèse : *Vente immobilière.* — Pierre veut acheter de Paul un immeuble. Quoiqu'il n'ait lieu de craindre ni mauvaise foi, ni tromperie de la part de Paul, en qui il a avec raison une confiance sans bornes, il ne prend pas moins tous les moyens en sa disposition pour savoir si et comment Paul est propriétaire de cet immeuble, et se prémunir contre tout danger de fraude, de surprise et d'erreur. D'acquisition en acquisition, il remonte tous les degrés de la généalogie de l'immeuble ; il découvre toutes les phases de sa mouvance. Titres de propriété, registres d'inscription, registres de transcription, il explore, il vérifie, il interroge, il consulte tout ! Mais rien ne révélant ni vente antérieure, ni démembrement de propriété ou de possession, ni servitudes, ni charges, ni, en un mot, aucuns droits, conditions ou modalités de droits réels, limitant d'une façon quelconque le *plenum dominium* de Paul sur l'immeuble qu'il se propose d'acquérir, il croit, il doit croire qu'il en est, vis-à-vis de tous, le paisible, intégral et incommutable propriétaire, et après les formalités de la purge, il en paie le prix.

Seconde hypothèse : *Prêt hypothécaire.* — Jean prête à Jacques une somme d'argent pour le remboursement de laquelle Jacques lui hypothèque son immeuble. Jean, pour s'assurer que cet immeuble est la propriété complète, définitive, absolue, de Jacques, ne recule devant aucune sorte d'investigations. Ce qu'a fait Pierre pour être parfaitement certain qu'il achetait sans danger d'éviction, il le fait à son tour pour être parfaitement certain qu'il prête sans danger de pertes, et quand, ses recherches et ses informations terminées, il croit, lui aussi, et doit croire que l'immeuble de Jacques est le gage certain de son remboursement, il consent à verser les fonds.

Quoi de plus solide que cette vente? quoi de plus rassurant que ce prêt?

— Détrompez-vous, détrompons-nous ! Qui que nous soyons, législateurs, magistrats, avocats, jurisconsultes, justiciables, apprenons à quelles amères et désastreuses déceptions exposent notre acheteur et notre prêteur, les lacunes, les imprévoyances, les vices et les imperfections d'une loi édictée pour les en préserver, et convainquons-nous qu'à l'heure qu'il est, quels que soient les salutaires effets de cette loi, avec quelque soin qu'elle ait voulu pourvoir à la sûreté des transactions immobilières et hypothécaires, " l'absence d'une tradition publique, l'absence d'une véritable et complète publicité, continue de jeter acquéreurs et prêteurs dans un dédale d'embûches inévitables et de frapper au cœur notre système hypothécaire " (1).

Les partisans de la loi actuelle nous rendront cette justice que nous avons puisé notre hypothèse — dans les contrats de vente et de prêt les moins compliqués et les plus vulgaires, — dans ces transactions de tous les jours que les Romains eussent sans nul doute classées au premier rang des *Res quotidianæ*.

Tout y est normal, tout y est ordinaire, tout y est simple : capacité des personnes contractantes, nature du contrat, état juridique, au respect des tiers, de la chose qui en est l'objet ou le gage. Eh bien ! abstraction faite de tous conflits entre les droits des trois premières catégories, conflits, si l'on veut, impossibles, puisque, dans notre hypothèse, l'immeuble n'est grevé d'aucun de ceux expressément compris dans la seconde

____

(1). Troplong, *Comment. des Priv. et Hypoth.* Préface.

et la troisième, mettons les droits de la première aux prises avec les droits de la dernière. Qu'ils descendent les uns et les autres dans l'arène, couverts chacun d'un lambeau de la loi hypothécaire, comme d'une invincible armure ! Les voilà qui se regardent, qui s'approchent, qui se menacent et qui croisent le fer ! Contemplons les péripéties de ce duel juridique, et, quelle qu'en soit l'issue, adjugeons au vainqueur la palme de la victoire et... l'enjeu du combat, c'est-à-dire l'immeuble aliéné ou hypothéqué.

VII

— Un duel ! direz-vous ; mais où sont donc les duellistes ? Je vois bien, d'un côté, les droits inscrits ou transcrits des créanciers ou des acquéreurs, mais j'ai beau regarder de l'autre ; je ne vois nulle part poindre à l'horizon ces droits des tiers, des *tiers survenants*, si semblables à ce troisième larron de la Fable ! droits vraiment invisibles ! car est-il rien de moins visible que le néant ?

—Oui, répondrons-nous, invisibles ! mais, entendons-nous ! invisibles jusqu'à un certain point, invisibles et réels comme l'ouvrier sapeur, jusqu'au moment où, son œuvre souterraine achevée, il apparaît, victorieux et triomphant, sur les débris encore fumants de la place qu'il a sapée.

De grâce donc, regardez, regardez encore, et cette fois regardez mieux ! Ils sont là, en chair et en os, là, sous nos yeux, tout entiers à leur travail de clandestine destruction, ces droits dont vous vous obstinez à nier l'existence ! Comme nous, étendez la main devant vous et autour de vous ; comme nous, vous les palperez !

Mais, avant d'aller plus loin, avant de nous engager dans cette ″ forêt obscure ″ (1) où nous ne pourrions, sans péril, arriver par la ″droite voie″, — dans ce labyrinthe inextricable dont Dumoulin lui-même ne pourrait noustirer, — faisons une nouvelle halte et réparons nos forces épuisées.

Désormais, prenons-en hardiment notre parti, plus de sentiers détournés, plus de chemins de traverse, plus ou presque plus de métaphores, de comparaisons ni d'images : le langage du Droit dans toute sa simplicité et dans toute sa rigueur, avec sa précision mathématique et sa calme limpidité.

A quoi bon, d'ailleurs, ces ornements, ces appâts, ces artifices littéraires, sortes d'amusements et de distractions de voyage, bons, tout au plus, à l'heure du départ et pour des voyageurs peu ou point habitués aux aridités nécessaires d'une pérégrination scientifique? Grâce à Dieu, au point où nous en sommes, nos patients lecteurs n'ont plus besoin que d'un court et suprême effort, et cet effort, nous le demandons beaucoup moins à leur courage éprouvé, qu'à leur intelligence dégagée de tout alliage d'imagination, et se concentrant énergiquement sur une série de faits et de déductions, en la forme et au fond, exclusivement juridiques.

Reprenons maintenant notre argumentation.

(1) .... Per una selva oscura,
Che la diritta via era smarrita.
(IL DANTE.)

Après comme avant la transcription, après comme avant l'inscription, il est des droits latents, des droits inconnus de l'acquéreur et du prêteur, et qui, d'un moment à l'autre, peuvent mettre en danger leur acquisition et leur prêt. Inaperçus ou ignorés, ce semble, du législateur, ces droits n'en sont pas moins toujours une menace et très-souvent un fléau pour la propriété et le crédit, parce que chacun d'eux constitue une exception à la règle de publicité des transactions immobilières.

Nous ne parlerons pas de tous ces droits — les uns incertains et contestables, les autres incontestables et certains — les uns n'intervenant presque jamais, les autres *survenant* presque toujours entre prêteurs et emprunteurs, acquéreurs et vendeurs. Nous nous attacherons de préférence à ceux qui, également incontestés en doctrine et en jurisprudence, n'ont rien ou presque rien de commun avec ces droits douteux, ou mieux, ces prétentions plus ou moins fondées, nées de " regrettables lacunes qu'il faut combler, sous peine d'ouvrir à la jurisprudence et à la doctrine le champ des interprétations arbitraires " (1). A d'autres la critique du législateur ! Contentons-nous d'examiner la loi. Prenons-la telle qu'elle est, et procédons généreusement avec elle. Tout en ne dissimulant pas ses défauts, appliquons-nous à mettre ses qualités en relief, consultons plus encore son esprit que son texte, et concédons-lui que, pour rassurer, dans notre double hypothèse, contre les droits de propriété ou d'hypothèque des tiers,

(1) *Exposé des motifs*, passim.

le droit de propriété de Pierre et le droit d'hypothèque de Jean, non-seulement elle a dit tout ce qu'elle dit en effet, mais encore qu'elle a dit tout ce qu'elle a voulu dire.

Que dit-elle?

Qu'elle soumet à la transcription, que doit être transcrit tout acte entre vifs translatif de propriété immobilière ou de droits réels susceptibles d'hypothèque, de même que tout acte portant renonciation à ces mêmes droits ; — tout jugement qui déclare l'existence d'une convention verbale de la nature ci-dessus exprimée ; — tout jugement d'adjudication autre que celui rendu sur licitation au profit d'un cohéritier ou d'un copartageant, — tout acte constitutif d'antichrèse, de servitude, d'usage et d'habitation ; — tous baux d'une durée de plus de dix-huit années;

Que jusqu'à la transcription, les droits résultant de ces actes et jugements ne peuvent être opposés aux tiers qui ont des droits sur l'immeuble et qui les ont conservés en se conformant aux lois, et que les baux non transcrits ne peuvent jamais leur être opposés pour une durée de plus de dix-huit ans.

Voilà pour les droits de propriété, les droits réels ou assimilés aux droits réels.

Mais, pour les droits de créance et les actions réelles, que dit-elle encore ?

Qu'à partir de la transcription, les créanciers privilégiés et les créanciers hypothécaires mentionnés dans les articles 2123, 2127 et 2128 C. N., c'est-à-dire les créanciers dont les hypothèques judiciaires ou conventionnelles doivent être inscrites, ne pourront prendre utilement inscription sur le précédent propriétaire (sur le propriétaire dont l'acquéreur, nouveau propriétaire, a fait transcrire son acte d'acquisition avant qu'ils n'eussent fait inscrire leur acte d'obligation);

Que, néanmoins, le vendeur ou le copartageant peuvent utilement conserver leurs priviléges (art. 2108 et 2109 C. N.) dans les quarante-cinq jours de l'acte de vente ou de partage, et que l'action recélatoire établie par l'art. 1654 du Code Napoléon ne peut être exercée après l'extinction du privilége du vendeur au préjudice des tiers qui ont acquis des droits sur l'immeuble du chef de l'acquéreur, et qui se sont conformés aux lois pour les conserver.

Nous passons à dessein les autres dispositions de la loi.

On le voit, son texte est tellement concis, le dirai-je? tellement sentencieux, que pour en savoir toute la force et toute la puissance, *vim ac potestatem*, il est indispensable d'en interroger religieusement l'esprit.

Qu'a-t-elle donc voulu dire ?

Écoutez le meilleur de ses commentateurs, écoutez le législateur lui-même :

Ce qu'elle a voulu dire, c'est qu'il fallait donner à toutes transactions immobilières et hypothécaires, une publicité destinée à révéler matériellement et facilement toutes mutations de la propriété, tous démembrements, charges, services et conventions qui peuvent en altérer la valeur ou en diminuer le revenu, toutes inscriptions hypothécaires dont elle est frappée, tout ce qui en affecte l'utilité, le produit, la jouissance, tout ce que l'acheteur ou le prêteur sur hypothèque ont un légitime

intérêt à connaître ; qu'en dehors des parties, à l'égard
de tout autre que le vendeur ou l'emprunteur, il fallait
cette révélation, pour donner à l'acte de vente ou
d'emprunt, un effet contraire aux droits des tiers intéressés ;

C'est que cette publicité, cette révélation était nécessaire pour prévenir des déceptions, des désastres,
des encouragements à la mauvaise foi ; c'est que ces
tiers, qu'ils tiennent leurs droits du vendeur ou de
l'acquéreur, doivent pouvoir sauvegarder ces droits
contre toute aliénation, contre toute inscription hypothécaire de l'un et de l'autre, par la transcription ou
l'inscription de ces droits avant celles de la vente ou
du prêt ;

C'est que le bienfait, c'est que la protection de la
publicité, organisée ou développée par la loi, doit être
accordée à quiconque obéit aux prescriptions de cette
loi (1).

Ce qu'elle a voulu dire encore,

C'est que la publicité doit être parfaite et absolue ;
c'est qu'il doit être impossible de vendre plusieurs fois
le même immeuble, ou d'hypothéquer un immeuble
qu'on a déjà vendu ;

C'est que de tels dangers doivent disparaître devant
la révélation aux yeux du public, de *l'état-civil*, du
signalement exact, positif et certain de l'immeuble.

C'est que notre régime hypothécaire, de même que
l'établissement de la propriété, doit avoir pour base la
publicité la mieux faite pour être la garantie et la sû-

(1) Debelleyme. Rapport.

reté de ceux qui contractent avec celui qui se prétend propriétaire ;

C'est enfin que le moment était venu de donner à la propriété par la publicité, un développement de crédit, une *foi certaine dans sa signature*, en l'élevant au rang de l'industrie et du commerce, qui puisent dans la confiance un crédit plus grand et moins onéreux que le sien (1).

VIII

Cela posé, reportons-nous à notre hypothèse, et rappelons-nous que, pour la simplifier le plus possible, nous en avons très-soigneusement éliminé toute éventualité de contestation, de complication ou d'embarras, à raison de l'invalidité des titres, de l'incapacité des contractants, de l'intervention d'un privilége de vendeur ou d'un copartageant, d'une hypothèque légale, d'une action résolutoire ou rescisoire, et même d'un conflit entre n'importe quelles sortes d'hypothèques.

L'immeuble acquis par Pierre est-il réellement, intégralement, définitivement devenu sa propriété?

Le prêt garanti à Jean par une hypothèque sur cet immeuble, est-il certainement, complètement, absolument garanti par cette hypothèque?

Pierre et Jean peuvent-ils dire aux tiers, de même qu'à Paul et à Jacques, leurs co-contractants, et sans crainte raisonnable de se tromper, Pierre : Envers et contre tous, je suis pleinement propriétaire? Jean : Envers et contre tous, je suis utilement créancier?

____

(1) **Rapport de M. Debelleyme,** *passim.*

Tous les deux : Notre droit est à l'abri de toute atteinte, à l'abri de tous droits des tiers ? *Sic volui, ita jus esto!*

A l'abri de tous droits des tiers ?

Mais qu'est-ce donc, je vous prie, que le droit de ce légataire qui, nanti du testament de François, père de Paul et de Jacques, et armé de la féodale et puissante maxime : " Le mort saisit le vif, " — sans être astreint à aucune formalité, inscription ou transcription de nature à dévoiler, soit à Pierre, soit à Jean, pas même à Paul et à Jacques, l'existence et la teneur d'un legs ayant pour objet l'immeuble vendu ou hypothéqué, n'aura qu'à exhiber ce testament pour revendiquer la propriété immédiate, inconditionnelle de cet immeuble, sur cet unique, mais inexpugnable motif, que son legs frappe d'une nullité radicale l'acquisition de Pierre, l'hypothèque de Jean?

N'est-ce pas là le droit d'un tiers, un droit réel, un droit de propriété immobilière, un droit susceptible d'hypothèque?

—Oui, sans doute ! mais c'est un droit transféré par un testament, par un acte qui n'est pas un acte *entre vifs*, et c'en sera assez pour qu'il ne soit pas soumis à la transcription, pour qu'il reste impunément occulte, pour que rien ne le révèle en public, pour qu'acquéreurs et prêteurs puissent être fatalement trompés par la vente ou l'obligation hypothécaire que leur a consenti l'héritier légitime, " ce propriétaire apparent que la loi institue publiquement, et que le testament déshérite en secret !!! "

Or, remarquez que ce droit est le même, qu'il porte sur la pleine propriété, sur l'usufruit ou sur la nue-propriété.

A l'abri de tous droits des tiers?

Mais qu'est-ce donc encore que ce droit du cohéritier du vendeur, dans l'espèce, de Marius, cohéritier de Paul, ce droit dont la manifestation n'est assujettie à aucune forme extérieure, à aucun mode de publicité, et qui, pendant dix, vingt ans, et même plus longtemps, suivant les circonstances, permettra à ce cohéritier de réclamer contre Pierre sa part héréditaire dans l'immeuble que Paul, se croyant et devant se croire seul et unique héritier de François, avait de bonne foi vendu pour le tout à Pierre, lequel, de bonne foi aussi, s'en croyait et devait s'en croire seul et unique propriétaire?

N'est-ce pas là le droit d'un tiers, un droit immobilier, un droit réel non moins péremptoire, non moins redoutable à l'encontre de Pierre et de Jean, que le droit du légataire, et tout aussi protégé que ce droit par cette immunité légale qui est la dispense de toute inscription et de toute transcription dans un délai préfixe à partir de l'ouverture de la succession?

Et le droit du créancier nanti d'une hypothèque légale sur l'immeuble de François, auteur commun de Paul et de Jacques, laquelle, par le seul effet de l'acceptation pure et simple de cette succession, frappe indistinctement et l'immeuble successoral et l'immeuble personnel des héritiers, sans que ni Pierre ni Jean aient pu recourir au moyen qui seul la leur eût fait connaître, à un état d'inscription ou de transcription pris sous le nom de François?

Et le droit de propriété sur l'immeuble vendu ou hypothéqué, droit réel et immobilier, naissant, non plus d'un testament, d'une pétition d'hérédité ou de la volonté de la loi, mais d'un fait, d'un acte ou d'un jugement, tout aussi inconnus, tout aussi difficiles ou impossibles à connaître ou à prévoir au moment de la vente ou de l'affectation hypothécaire, — droit de retour successoral, droit de rapport, droit de réduction, droit de révocation de donation pour inexécution de conditions, droits de prescription, droit de possession, — autant de droits qui entament, détruisent ou restreignent la propriété transmise par Paul, l'hypothèque conférée par Jacques, et que ni Paul, ni Pierre, ni Jacques, ni Jean n'ont pu avoir en vue, — les uns parce qu'ils n'étaient pas encore nés et que rien n'autorisait à soupçonner qu'ils pourraient naître un jour, — les autres, parce que, bien que déjà nés, leur action paraissait si éventuelle et si éloignée, qu'il n'y avait pas lieu, ce semble, de s'en préoccuper, — tous, parce que ni leur existence ni leur action ne se révélaient aux parties contractantes de façon à tenir celles-ci en éveil ou à les mettre en garde contre eux ?

Est-ce que tous ces droits ne sont pas des droits réels, des droits de tiers, s'attaquant à l'immeuble objet de la transaction intervenue entre Pierre et Paul, Jean et Jacques, et qui, par cela seul que ces tiers n'y ont pas été partie, est pour eux comme non avenue, comme n'existant pas, *res inter alios acta*? Pourquoi donc une loi qui, par une publicité, à certains égards, universelle, a voulu que la lumière se fît pour *tous* sur *tous* les droits réels de *tous* les tiers, a-t-elle laissé planer sur plusieurs de ces droits, " des nuages et des ténèbres "(1) qui en rendent la découverte ou matériellement ou moralement impossible ?

(1) M. Passy.

IX

Mais continuons le martyrologe de notre loi, et pour ne pas nous arrêter plus longtemps à mentionner les droits des tiers qu'elle a passés sous silence, voyons si ceux-là même dont en principe elle exige formellement la transcription, sont toujours et nécessairement connus des parties contractantes.

Cette loi dispose, dans son article 2, que tout acte d'antichrèse ou de servitude devra être transcrit. Rien de plus général, sans doute, que cette expression : *tout acte !* Mais ici encore il n'est question que de tout acte *entre vifs,* si bien que ce droit, s'il est établi par testament, par acte *à cause de mort,* peu importera qu'il soit un droit d'antichrèse ou de servitude, etc.: il échappera incontestablement à l'application de la loi.

Et il en sera de même de tout droit de servitude continue et apparente pouvant s'établir sans acte, par la seule prescription trentenaire.

— Mais, alors, que deviendra le droit de propriété de Pierre? à quoi aboutira le droit d'hypothèque de Jean? Pierre n'aura acquis qu'un fragment de propriété, Jean n'aura reçu qu'une ombre de garantie; ni l'un ni l'autre ne sera fondé à dire à Paul ou à Jacques : " Vous m'avez trompé ! " et ni Paul ni Jacques ne pourra leur répondre : " N'imputez qu'à vous seul votre erreur ! " Car tous, ne l'oublions pas, auront vainement interrogé le registre des transcriptions et inscriptions pour y trouver la trace d'un testament ou d'un fait qui ne doit être ni transcrit, ni inscrit, mais qui ne pèse pas moins d'un poids terrible sur un immeuble que, du chef de François, ils croyaient franc et libre de tout droit réel et de toute charge réelle.

Mais voici le comble de tous les maux, le *Nec plus ultra* des vices de la loi, la preuve sans réplique… dirons-nous, de son incurie, de son imprévoyance? non! pis encore, de sa légèreté (1) à l'endroit de ces droits des tiers contre l'agression desquels elle a pourtant entendu opposer un infranchissable rempart :

D'une part, elle a voulu que sur le registre des Conservateurs, tout jugement prononçant la résolution, la nullité ou la rescision d'un acte transcrit, fût mentionné en marge de cet acte, dans le mois à partir du jour où il a acquis force de chose jugée, et c'est avec raison; car des tiers peuvent être intéressés à connaître les effets de ce jugement, et c'est cette mention qui la leur fera connaître.

D'autre part, si cette mention n'est pas faite, si, par suite, les tiers continuent *fatalement* de croire à l'existence de droits *devenus inexistants* ou censés n'avoir jamais existé, l'avoué qui, en omettant de faire opérer cette mention, aura compromis de graves et multiples intérêts, sera, pour toute peine, condamné à cent francs d'amende, et au regard des tiers et de toutes personnes autres que les parties contractantes, ce jugement non mentionné, que rien ne révèlera à leurs yeux, n'en produira pas moins tous ses effets!

Et pourquoi, s'il vous plaît? Par cette raison, très-juridique et très-logique assurément, mais aussi singulière que subtile, que ce jugement, qui rétroagit au

____

(1) Troplong.

moment du contrat générateur du droit résolu, annulé ou rescindé, est déclaratif et non translatif de ce droit, et, par voie de conséquence, n'est pas soumis à la transcription !

En vérité, est-il possible de faire plus cavalièrement litière des droits de ces tiers qui, sur la foi d'une transcription antérieure de ce droit, transcription que ne modifiera, que ne contredira aucune mention d'un pareil jugement, traiteront en toute sécurité avec les parties entre lesquelles il est intervenu, et, s'ils traitent avec l'héritier ou le légataire de l'une d'elles, victimes comme cet héritier, comme ce légataire, d'une erreur invincible, tomberont avec eux dans le piége dressé, à son insu, par la loi elle-même ?

Or, ne l'oubliez pas, jusqu'ici nous avons raisonné dans la supposition de la bonne foi réciproque de chaque partie contractante ; nous vous avons fait grâce de tous droits simplement éventuels, et nous avons soigneusement écarté de nos hypothèses toute survenance des droits de tiers qui ne seraient ni réels ni immobiliers, ou qui seraient controversés ou controversables.

Que serait-ce donc si, ne craignant pas, comme dirait Montaigne, " de vous enfrasquer dans une trop abondante farcissure d'exemples, " que serait-ce si, à la suite des droits réels, immobiliers, indiscutables de ces tiers, nous faisions défiler devant vous la troupe innombrable de ces droits sur la nature et les effets desquels, au regard de la transcription, ni la Doctrine ni la Jurisprudence n'ont encore dit leur dernier mot - droits des locataires ou usufruitiers sur les constructions par eux élevées dans les lieux loués, — droits d'exploitation des mines et carrières, — droits résultant de transaction ou de renonciation, etc., etc.?

Que serait-ce surtout, si nous mettions en contact, dans leurs rapports avec la transcription, les hypothèques conventionnelles avec les hypothèques légales ou judiciaires, les créanciers hypothécaires avec les créanciers privilégiés, les priviléges généraux avec les priviléges spéciaux, et si nous exposions quelques-uns des mille conflits qui naissent chaque jour du concours des uns avec les autres?

A Dieu ne plaise que nous vous causions une pareille " malaisance ! "

Nous n'écrivons ni un traité, ni un commentaire ; mais nous croyons en avoir dit assez pour avoir le droit de conclure que, tant vis-à-vis des acquéreurs que vis-à-vis des prêteurs, la loi sur la transcription est profondément défectueuse ; qu'elle n'a pénétré ni assez franchement, ni assez loin dans les voies salutaires de cette publicité " qui devait établir facilement l'état-civil de la propriété " (1), et qu'ainsi il n'est que trop vrai que, même encore aujourd'hui, toute transaction immobilière ou hypothécaire est dangereuse.

Ici se termine la principale partie, la partie pratique et matérielle de notre tâche. Abordons-en la partie théorique et philosophique, en démontrant qu'attaché aux imprévoyances d'une loi qui l'a si rarement et si incomplètement conjuré, le danger de ces transactions tient, avant tout, aux droits d'hypothèques et de priviléges dont la suppression et le remplacement par le

____

(1) M. Debelleyme.

droit de gage certain et absolu proposé par M. Primard, peuvent seuls consacrer la sécurité.

X

Nous avons posé le principe, et rien n'est plus facile
que d'en déduire, entre autres conséquences, qu'alors
même que nos habitudes et nos mœurs juridiques, ou
la nature de certains droits ou de certaines créances
nécessiteraient, quant à présent, le rejet ou l'ajourne-
ment partiel des conclusions générales de l'*Essai sur
la propriété et le crédit*, il est désormais hors de doute
que ce que disait Troplong de la publicité hypothécaire,
si restreinte et si impuissante du Code Napoléon, nous
pouvons, nous devons le dire de la publicité, sous tant
de rapports imparfaite, de la loi sur la transcription :
" Que le mal est assez grave pour qu'on soit en droit
d'accuser le législateur d'imprévoyance, et d'exiger
une réforme que réclament le crédit et la propriété, le
crédit térritorial ; " ajoutons une réforme basée sur un
système de publicité sans lacunes, sans vides, notifiant
à tous intéressés, et cela dans les limites du possible,
l'existence actuelle ou éventuelle de tout droit réel
mobilier ou immobilier affectant l'immeuble objet de la
transaction, quel que soit ou puisse être l'acte ou le
fait qui lui donne la vie et le mouvement.

Oui, le mal est grave et la réforme est nécessaire.

Qu'est-ce, en effet, qu'une transcription, à bien des
égards, embryonnaire, qui, loin d'arrêter, comme une
impénétrable et immobile muraille d'airain, l'irruption
d'un droit étranger sur le domaine juridique des parties
contractantes, pareille à une vaine et mobile cloison

d'argile et à claire-voie, lui en permet l'accès à travers de nombreux et larges interstices? Qui ne voit qu'il faut à tout prix lui substituer une transcription, autant que possible, parfaite, une transcription, en quelque manière, universelle.

Or, cette transcription ne peut être que celle trop brièvement esquissée par M. Primard, mais presque partout et depuis longtemps pratiquée de l'autre côté du Rhin, enregistrant tous les droits, inscrivant toutes les charges, indiquant toutes les modalités, mentionnant toutes les restrictions de ces droits et de ces charges sur l'immeuble à vendre ou à hypothéquer, avertissant même de tout incident, de toute éventualité de fait ou de droit ayant trait à cet immeuble.

Mais, cette transcription est-elle possible? Oui!

Est-elle urgente? Oui!

Est-elle d'intérêt privé et public? Oui!

Et, en effet, étant donné notre système de transmission immobilière et de crédit hypothécaire, qui oserait répondre non?

Or, de deux choses l'une:

Ou dites, avec Tronchet, que celui qui achète ou prête n'a pas besoin que la loi pourvoie d'une manière particulière à sa sûreté;

Ou dites, avec Treilhard, que l'effet de la publicité des hypothèques, des droits des tiers serait manqué, s'il n'était pas autorisé à regarder comme propriétaire, celui avec qui il stipule!

Pas de milieu entre ces deux langages!

Pour nous, Treilhard, après lui Troplong, et au-dessus d'eux le bon sens, notre maître à tous, avaient raison. Sans la certitude absolue que l'homme avec lequel je traite comme acquéreur ou créancier, est le propriétaire de l'immeuble qu'il veut me vendre ou me donner en garantie, pas de crédit, pas de transaction exempte de ces graves dangers, que le législateur a le droit et le devoir de prévoir et de prévenir, ou, ce qui est la même chose, de m'assurer la faculté de prévoir et de prévenir moi-même, par une bonne loi sur la transcription.

Et maintenant transportons-nous avec M. Primard sur le terrain de la critique et de la philosophie du droit pur, et, ici encore, puissé-je mériter ce flatteur témoignage, que, pour réaliser, dans la mesure de mes forces, le vœu de l'immortel auteur de tant d'œuvres également sérieuses et agréables, j'ai essayé de me faire lire, et de me faire lire avec plaisir, par les gens même qui n'aiment pas à lire (1) !

XI

Qu'il s'agisse de transmettre la propriété ou de garantir le crédit, trois idées dominent toute législation relative aux contrats ou obligations conventuelles, — trois idées autour desquelles s'agite et rayonne le monde des affaires humaines, — trois idées sorties des entrailles mêmes des choses et des nécessités sociales, — trois idées impérissables, correspondant aux trois éléments essentiels de tout contrat et de toute convention, et que partout et toujours nous trouvons théoriquement et pratiquement formulées en maximes

_____

(1) Lettre de Voltaire à Moultou.

de raison, en adages de droit, en dispositions légales :

Tout homme doit connaître l'état juridique et la situation pécuniaire de celui avec qui il stipule ;

Qui s'oblige, oblige le sien ;

Nul n'est censé ignorer la loi.

— Sans la première, pas de transaction sérieuse ;

Sans la seconde, pas d'exécution possible des transactions ;

Sans la troisième, pas de sanction raisonnable de cette exécution ;

Sans les trois ensemble, ni principe rationnel qui engendre une obligation, ni moyen matériel qui en permette la réalisation, ni force légale qui en assure l'exécution.

Qu'est-ce à dire, sinon qu'en dehors d'elles et à quelque point de vue qu'on se place, toute transaction manque de sa base essentielle, qui est la justice :

La justice au regard des personnes contractantes ;

La justice au regard des choses objet du contrat ;

La justice au regard des effets de l'obligation contractée ;

La justice, enfin, qui est l'équation des volontés, — l'équivalence des choses, — l'équilibre des intérêts, — la balance des droits et devoirs réciproquement imposés aux parties contractantes en vertu de leurs mutuelles stipulations.

Or, de tout contrat commutatif ou synallagmatique, de tout contrat de vente ou de prêt, ôtez cette équation, cette équivalence, cet équilibre, cette balance ; que devient la justice ? Une iniquité, une duperie, un jeu périlleux, une bascule, et il n'y a plus, il ne peut plus y avoir de justice !

Avouons-le pourtant, au premier aspect, rien de plus naturel, de plus juste, de plus nécessaire que cette trilogie d'apophthegmes législatifs.

Oui! nul ne *doit* ignorer la condition juridique et matérielle de la personne avec qui il contracte. Mais encore faut-il qu'il *puisse* la connaître avec certitude!

Oui! quiconque s'oblige oblige tout son bien, mobilier et immobilier. Mais encore faut-il que ce bien, quel qu'il soit, réponde ou puisse répondre avec vérité de l'accomplissement de son obligation!

Oui! chacun est présumé savoir le texte et l'esprit de la loi. Mais encore faut-il que tous en sachent ou puissent en savoir avec exactitude les diverses applications!

Qu'importe donc l'évidence *à priori* de ces vérités, de ces axiômes de droit et de raison? Quand on descend des abstraites généralités de la théorie dans les détails concrets de la pratique, quand on observe de près les modes multiples et les ramifications infinies de leur action, quand on les voit flotter au gré d'une législation incomplète, d'une doctrine incertaine et d'une jurisprudence inconstante, — des doutes s'élèvent, des difficultés se produisent, des obstacles surgissent de toutes parts, le fait relatif succède à l'idée absolue, et on ne tarde pas à se convaincre que ces vérités et ces axiômes, espèce de lettre morte, sont, hélas! trop souvent comme s'ils n'étaient pas!

Vous parlez de capacité personnelle et de condition réelle! Mais à quoi bon, si par moi-même, par mon co-traitant, par la loi, je ne puis pas toujours m'en assurer?

Vous parlez de l'affectation intégrale du bien de

mon débiteur à l'acquittement de ses obligations envers moi! Mais à quoi bon, si je ne puis savoir ni ce qui lui appartient réellement, ni quels droits me compètent certainement sur son avoir, ni si cet avoir n'est pas déjà affecté à l'exécution d'autres obligations que la mienne ?

Vous parlez de la connaissance de la loi par les parties contractantes ! Mais à quoi bon, si chacune d'elles ne connaît ou ne peut connaître infailliblement ce que prescrit la loi dans le cas particulier de son contrat?

En d'autres termes, à quoi servent, pour le maniement et la conduite des affaires, ces dogmatiques théorèmes, ces imposants brocards, si, dans toute transaction, l'un des contractants n'est en mesure de contrôler la vérité de ces questions qu'assurément il adressera à l'autre : Qui êtes-vous? Que possédez-vous? Que devez-vous?

Pas d'équivoque !

Oui ou non, notre système de transmission immobilière et de crédit hypothécaire repose-t-il sur la réalisation certaine, complète et efficace de ces brocards et de ces théorèmes?

Incontestablement non! car, à supposer que vous connaissiez la capacité personnelle de votre vendeur et de votre emprunteur, impossible, dans plus d'un cas, de connaître certainement sa capacité réelle ou son avoir.

Non! car, à supposer que vous connaissez sa capacité personnelle et réelle relativement à vous, impossible trop souvent de la connaître pleinement à l'endroit des tiers.

Non! car, à supposer que vous connaissiez le principe de la loi, impossible plus d'une fois d'en connaître toutes les conséquences et tous les effets.

Qu'on se souvienne de ce que nous avons dit des incertitudes, des lacunes, des défectuosités de la Transcription! Eh bien! il n'est aucune, absolument aucune des critiques adressées à la Transcription, qui ne puisse et ne doive être également adressée à notre loi hypothécaire.

Demandez à qui vous voudrez, au jurisconsulte le plus profond comme à l'homme le moins versé dans la science du Droit, ce qu'il faut penser du nombre, de l'étendue et de l'objet des priviléges généraux et spéciaux, de la nature, de l'assiette et de la portée des hypothèques générales et spéciales, du rang et du concours de ces priviléges entre eux, du rang et du concours de ces hypothèques entre elles! Demandez-leur encore la solution, mais la solution incontestable, certaine, des conflits qui naissent tous les jours du concours entre ces hypothèques et ces priviléges!

Que vous répondra-t-on?

Ce qu'ont répondu les auteurs les plus estimés, les hommes qui ont jour et nuit sué et pâli dans les recherches historiques, les méditations doctrinales et les études jurisprudentielles les plus propres à leur donner la véritable intelligence de la volonté du législateur.

Or, que ces auteurs, que ces Prudents (*Prudentes*) du Droit français, s'appellent Merlin, Grenier, Troplong, Persil, Pont, Dalloz ou Mourlon, je défie l'esprit le plus dogmatique et le plus résolu, la raison la plus ferme et la plus éclairée, de rien trouver dans leurs réponses sur une foule de questions de la plus haute importance pratique, rien qui s'impose à eux avec l'autorité de la certitude, avec la force d'une certitude irréfragable et la puissance d'une indiscutable vérité.

Pour nous, nous devons cet aveu à nos lecteurs, dût-il les dissuader de s'enfoncer, à notre exemple, dans le dédale de nos lois sur les priviléges et hypothèques, nous avons lu, étudié, médité les principaux ouvrages publiés depuis le Code civil sur cette vaste et complexe matière ; ce que nous avions fait pour l'examen de la transcription, ce mode des droits de préférence sur la propriété immobilière, nous l'avons fait pour celui de la constitution, de la nature et de l'influence de ces droits. Or, de ce rude labeur, savez-vous le fruit que nous avons recueilli ? Le voici en deux mots : obscurité des textes, doutes et controverses des auteurs, variations des arrêts, là Hippocrate qui dit oui, ici Galien qui dit non, et, entre les deux, Celse qui ne dit ni non ni oui !

Et on nous objecterait encore que l'ignorance du droit n'excuse personne, que tous sont présumés le connaître ! Eh ! pourquoi pas le deviner ? Mais quoi ! ne tombe-t-il pas sous le sens que, se condamnât-il, vrai Sisyphe de la Jurisprudence, à rouler sans cesse le lourd rocher de l'interprétation, le "profane" vulgaire n'arriverait qu'à ce désespérant résultat, que rien n'est plus difficile ni moins certain que leur science ?

Laissons donc là les aphorismes et les règles du Droit inerte, et recourons aux inspirations et aux raisonnements du Droit en action, du Droit vivant ; non de ce Droit qui est la loi, mais de ce Droit dont Cicéron a eu raison de dire : *Lex est non quæ fit, sed quæ est.*

XII

Que tout propriétaire d'un immeuble, par cela seul qu'il en est propriétaire, ait la faculté, le droit d'en disposer comme il l'entend au profit d'autrui, soit qu'il en aliène la propriété ou la jouissance, soit qu'il la grève d'une servitude, d'une antichrèse, d'une hypothèque, je ne le conteste pas.

Qu'abstraction faite de toute disposition directe et personnelle de la part du propriétaire et pour des motifs puisés dans la nature spéciale et spécialement favorable de certaines créances, la loi statue qu'un immeuble sera de plein droit affecté à ces mêmes créances, de préférence et à l'exclusion de toutes autres, par un privilége proprement dit ou par une hypothèque privilégiée, je n'y contredis pas davantage...

Qu'enfin, l'aliénation partielle ou totale d'un immeuble, où son affectation hypothécaire ou privilégiée, n'ait d'effet qu'entre vendeur et acquéreur, donateur ou donataire, emprunteur et prêteur, détenteur et créancier, sans préjudicier aux droits réels de toutes autres personnes, aux droits réels des tiers sur cet immeuble, tandis que les droits purement personnels et antérieurs en date dont cet immeuble était aussi le gage, seraient sacrifiés à ces droits réels, je l'accorde.

Après tout, et bien qu'à raisonner d'après la notion d'une justice rigoureuse et philosophique, il y eût peut-être quelque chose à redire sur chacune de ces thèses, la dernière surtout, au point de vue de la loyauté du contrat, de l'intention présumée des contractants et de l'égalité juridique des créanciers ou ayant-droit entre eux, l'aliénation d'un immeuble, la constitution, par la volonté de l'homme, de l'hypothèque conventionnelle, la création, par la volonté du législateur, du privilége ou de l'hypothèque légale, tout cela, ce sont autant de formes différentes des transactions nécessitées par la nature des choses et la force des circonstances sociales, et la liberté des transactions, comment pourrions-nous l'oublier? c'est la base fondamentale de la société et de la vie civile.

Mais ce que je conteste, ce à quoi je ne saurais trop contredire, ce qu'au nom du Droit, de la Justice et de la Liberté, fille du Droit et mère de la Justice, je n'accorderai à aucun prix, c'est que ces contrats, ces garanties, ces transactions, quelles qu'elles soient, si elles sont dignes de ce nom, se réalisent avec une sécurité absolue pour les parties contractantes, par la seule puissance du consentement, sans un acte de publicité vis-à-vis des tiers, *erga alios.*

Ce que je conteste encore, c'est que cette sécurité soit complète en l'absence d'une transcription, *telle qu'elle doit être* pour sauvegarder chacune des parties contractantes de tout danger de réserve déplacée, de surprise fâcheuse et d'invasion étrangère.

Ce que je conteste enfin, c'est que la cause nécessaire et fatale de cette insécurité ne soit pas tout entière dans notre système hypothécaire ; c'est qu'il n'y ait pas nécessité de réformer, ou plutôt de refondre une législation dont la transcription, *telle qu'elle est*, est l'inévitable corollaire, puisque, non contente de refuser à tout citoyen le moyen facile et infaillible de l'éclairer sur l'état véritable de celui avec qui il traite, elle ne lui permet même pas, après les plus laborieux et les plus intelligents efforts, de se le procurer lui-même.

Que faut-il, en dernière analyse, pour qu'entre deux parties contractantes, *inter partes*, il y ait cette justice dont j'ai parlé plus haut, cette justice raisonnée, consciente, vraie, qui n'a rien de hasardé, rien d'aléatoire, rien qui la fasse ressembler, suivant le mot de Mirabeau, à une partie de croix ou pile?

Ce qu'il faut? Ce n'est pas seulement une transcription perfectionnée, un registre de l'état-civil de la propriété immobilière, à l'instar du registre de l'état-civil des personnes : c'est encore un régime de garanties reposant solidement et sûrement sur cette propriété et assurant ainsi le plus large développement possible du crédit immobilier.

Or, le régime qui serait, pour l'exécution des obligations personnelles, ce que serait la transcription pour la consommation des aliénations réelles, ce régime est-il absolument incompatible avec notre régime hypothécaire?

XIII

En lisant les pages d'excellente critique qui ouvrent et ferment la brochure de M. Primard, nous avons failli répondre comme lui, par la négative la plus radicale; mais, après réflexion, nous nous sommes ravisé; et appelé à opter entre la suppression pure et simple et le maintien en principe des priviléges, des hypothèques, des actions réelles et des prescriptions, nous avons dû nous prononcer pour leur maintien restreint.

Nous disons pour leur maintien en principe, pour

leur maintien restreint ; car, pour nous, le Code civil, une des plus belles, il est vrai, mais non " la plus belle conquête des temps modernes (1) ", n'est pas cette arche sainte à laquelle il est défendu de toucher, et nous pensons qu'aux yeux du jurisconsulte, comme du publiciste et de l'économiste, son titre, entre autres, des Hypothèques et des Priviléges, doit être, tout au moins, profondément et intégralement remanié.

En principe donc, nous sommes pour le maintien du privilége, parce qu'en général la cause des créances auxquelles la loi l'a attaché, nous paraît digne de cette faveur ; nous sommes pour le maintien de l'hypothèque, parce que rien n'empêche le débiteur d'accorder un gage à son créancier ; que l'hypothèque n'est, après tout, qu'un nantissement immobilier, moins la tradition, et que le gage de M. Primard n'est qu'un mode particulier de préférence, qu'une hypothèque perfectionnée ; nous sommes, enfin, pour le maintien des actions réelles et des prescriptions, parce qu'en l'état de notre société et de nos mœurs, nous sommes encore loin du jour où, pour parler le beau et philosophique langage de M. Primard, " la propriété immobilière, cette chose inerte, cessera d'être la victime, le gérant responsable de l'humanité intelligente. " Longtemps encore, l'action réelle ne sera que la revendication de la propriété par un propriétaire dépossédé, dépouillé, ou empêché de jouir effectivement de sa chose, et la prescription, un mode d'acquisition et de consécration de ce droit par le temps, ce Warwick des choses humaines.

(1) *Exposé des motifs de la loi sur la Transcription.*

Mais qu'on ne s'y trompe pas ! Si nous optons pour le principe, nous n'optons pas, tant s'en faut, pour toutes ses conséquences. Qu'on maintienne les priviléges, les hypothèques, les actions réelles, les prescriptions, rien de mieux ! mais à une condition, à une condition *sine qua non :* c'est qu'on supprimera sans pitié tous priviléges clandestins, toutes hypothèques occultes, et que tous priviléges et hypothèques seront soumis à la même publicité, par l'inscription, que le privilége du vendeur et l'hypothèque conventionnelle ; c'est que la transcription des actes d'aliénation révélera à tout intéressé tous droits, toutes charges, toutes modifications de propriété, de possession ou de servitude affectant l'immeuble aliéné, — si bien, que cette transcription sera au transfert de la propriété immobilière, ce qu'est la tradition au transfert de la propriété mobilière, l'enseigne, l'étiquette, envers et contre tous, de la propriété aliénée ou engagée ; ce qu'est la cession de l'immeuble, chez les musulmans, au créancier du propriétaire cédant, — une sorte de casier hypothécaire qui, dans l'intérêt de la propriété et du crédit, sera à la capacité des parties contractantes et à l'état juridique de l'immeuble, objet du contrat, ce que, dans l'intérêt de l'ordre public, est le casier judiciaire; c'est que désormais l'action réelle, c'est que la prescription, dont l'exercice, pendant trente ans et plus encore, jette si souvent le trouble et la perturbation dans le crédit et la propriété privés, sera rigoureusement circonscrit et sans acception de personnes, dans l'espace restreint de dix ans.

Ainsi, publicité universelle par l'inscription ou la transcription de tous priviléges, de toutes hypothèques, de tous droits réels ; ajoutez, si vous le voulez, pour faciliter et hâter la réalisation du gage hypothécaire, la clause ou stipulation de *voie parée*, et des immunités de procédure analogues à celles du Crédit foncier : abréviation du délai des actions réelles et des prescriptions,—voilà, quant à présent, ce que nous voulons.

M. Primard veut davantage ; mais qu'il nous permette de le lui dire, si légitime que soit *in abstracto* le but qu'il a visé, nous le croyons encore trop éloigné pour qu'il puisse l'atteindre. — De même que la nature (1), le législateur n'agit que par degrés, et lui demander trop, c'est s'exposer à ne pas obtenir assez.

Ce que nous demandons, c'est peu, sans doute, en comparaison de ce que demande M. Primard. Et cependant, si on y réfléchit, c'est beaucoup, beaucoup trop peut-être pour les satisfaits quand même de la législation actuelle. A entendre, en effet, les admirateurs quiétistes du présent, la loi du 23 mars 1855 serait le dernier mot du législateur français sur le progrès hypothécaire, et tenter, soit d'y ajouter, soit d'en retrancher quelque chose, ce serait afficher une outrecuidante et folle prétention.

XIV

Répondons, en terminant, à deux reproches quelque peu contradictoires qui pourraient nous être adressés par les adversaires de toute amélioration hypothécaire.

On nous reprochera peut-être d'avoir, par notre tra-

(1) *Nihil facit per saltum.* Linnée.

vail, frappé comme d'effroi et de stagnation les transactions immobilières.

— " Si, comme vous le prétendez, nulle acquisition
immobilière, nulle obligation hypothécaire n'est sans
danger, qui osera acquérir? qui osera prêter? "

Peut-être encore nous fera-t-on un grief d'avoir
démesurément exagéré ce danger.

— " Est-ce que notre système hypothécaire, avant et
surtout depuis la transcription, n'a pas convenablement
fonctionné? Est-ce que les transactions ont été entra-
vées par la crainte de ce prétendu danger? Confessez-le,
la base de votre thèse n'est que le commentaire du
fameux *Tout arrive* de Talleyrand! Eh! depuis quand
l'exception détruisit-elle la règle? depuis quand les
rares inconvénients d'une loi autorisèrent-ils à ne pas
tenir compte de ses nombreux avantages? "

Ainsi donc, ce n'est rien pour le législateur, rien
pour vous, que d'avoir indiqué les écueils où va chaque jour se heurter le frêle esquif des nautonniers qui
les ignorent, et de vous fournir le moyen d'éviter le
naufrage qui vous menace vous-même! Ainsi encore,
de ce que, moins par le bénéfice d'une loi défectueuse
que par le hasard des circonstances, vous aurez, vous,
échappé à ce danger, vous ne rougiriez pas de dénier
à celui qui craindrait d'en être la victime, le triste droit
d'accuser d'imprévoyance ou d'impuissance la loi qui
n'aurait ni su ni voulu la prévenir ou la conjurer? —
Singulier raisonnement que le vôtre, et qui me rappelle
le mot si brutalement égoïste d'Auguste, roi de Pologne!

Transigez, si tel est votre bon plaisir, transigez,
transigez encore, sur la foi d'un passé sans nuages et
sans ruines! Mais si l'avenir s'assombrit, si, sur un

de ces rochers cachés au sein des eaux et dont j'ai essayé de vous signaler les pointes dangereuses, vous deviez plus tard vous briser et périr, ah ! ne vous en prenez qu'à vous-même ! Vous expieriez le tort d'avoir oublié que "tout arrive", et par ce qui vous serait arrivé à vous-même, vous apprendriez à d'autres ce qui pourra leur arriver.

"Tout arrive !" oui, tout ! même de voir la raison finir toujours par avoir raison, et c'est pourquoi un législateur intelligent et éclairé, qui, tout en sachant qu'il serait absurde de se livrer à des idées de perfection absolue, n'ignore pas que la plus funeste des innovations serait de ne pas innover (1), va au-devant de toute innovation nécessaire, et s'avance, l'œil fixé sur la boussole du droit, vers les rivages d'une législation meilleure ; voilà encore pourquoi, de même qu'en face de l'impossible, il se résigne à tout, comme s'il ne pouvait rien, ainsi, en présence du possible, il ne recule devant rien, comme s'il pouvait tout.

Sistimus hic tandem ! Quoique nous n'ayons aspiré qu'à aborder les plus hauts sommets (2) d'un sujet immense, peut-être, à notre insu, en avons-nous çà et là effleuré les bases, ou, pour parler sans figure, l'avons-nous traité avec trop d'étendue, séduit que nous étions par son inépuisable richesse et son intarissable fécondité ! S'il en est ainsi, qu'on nous pardonne cet écart ! Nous aussi, nous aurions voulu couler sur une rivière tranquille, mais nous avons été entraîné par un torrent.... (3).

---

(1) Portalis.
(2) *Summa fastigia rerum.*
(3) Montesquieu, *Esprit des Lois.*

EXTRAITS ET NOTES

Tout est à lire dans la brochure de M. Primard. Citons seulement les deux passages suivants :

J'engage l'emprunteur à me justifier préalablement :

1° De titres réguliers remontant à trente ans ;

2° Des pièces établissant l'accomplissement de toutes les formalités hypothécaires sur chacune des mutations que pendant cette période l'immeuble a subies jusques à lui : justification tellement importante, que l'omission d'un titre ou d'une formalité peut me laisser ignorer et craindre :

1° Des servitudes de telle nature qu'elles pourraient déprécier considérab ement la valeur apparente de l'immeuble ;

2° Des droits d'usufruit ;

3° Des privilèges ;

4° Des hypothèques ;

5° Des droits réels et occultes.

En admettant malgré cela que les titres produits résistent, chose rare, à un examen quelque peu sérieux, je passe à l'état-civil du débiteur, et, selon sa position je l'invite à me fournir, savoir :

S'il est marié autrement que sous le régime dotal, le concours de sa femme.

S'il est veuf, la preuve de la liquidation des droits de son épouse et de leur paiement.

Enfin, s'il a été tuteur ou administrateur comptable, la justification de la reddition de ses comptes et du paiement de tous reliquats dont il se serait trouvé débiteur.

Toutes ces justifications si nombreuses et parfois si difficiles, et dont je n'indique ici que les principales, sont, on le comprend, le plus fréquemment impossibles à obtenir ; aussi qu'en résulte-t-il ?

Ou l'emprunteur se voit dans la nécessité, soit de lever une longue série de titres, soit de les régulariser par l'observation des formalités prescrites, et dans tous les cas, avec un surcroît de frais souvent hors de proportion avec l'importance de l'opération.

Ou bien alléchant l'avidité, la cupidité d'un capitaliste peu scrupuleux, il rachète ces irrégularités par un taux plus élevé d'intérêt, par des avantages plus grands ; et de là, l'usure qui dévore et ruine la petite comme la grande propriété.

Voici pour ce qui regarde simplement les conditions de régularité.

Mais si malheureusement l'emprunteur se trouve dans la catégorie si grande :

1° Des hommes mariés sous le régime dotal ;

2° De ceux qui, mariés sous un autre régime, ne peuvent fournir le concours de leur femme ;

3° De ceux qui, veufs, n'ont point liquidé les reprises de leurs épouses ;

4° Des tuteurs ou administrateurs n'ayant pas rendu leurs comptes ;

5° Et des possesseurs par prescription trentenaire et sans titre.

Pour celui-là, il n'y a pas de crédit possible ; il est placé et mis hors le capital.

En effet, si le capitaliste veut des garanties sûres, réelles, le placement ne se fait pas ; si au contraire il se laisse aller, soit par trop de confiance en la moralité de l'emprunteur, soit par l'appât d'avantages illicites, le placement court alors les chances des choses aléatoires : il n'y a plus ni la garantie ni la sécurité que le législateur avait voulu lui assurer.

———

Ne méconnaissant point l'immuable principe de la justice et de l'équité, il ne ferait plus de la propriété, chose inerte, la victime, le gérant responsable de l'humanité intelligente ; non moins miséricordieux que Dieu, il la relèverait de son péché originel, au lieu de l'en accabler ; loin de la laisser en suspicion, en prévention constante, il la protégerait, assurerait sa liberté, son inviolabilité, réservant l'action de la justice et ses châtiments pour le seul et vrai coupable ; au lieu, enfin, de détourner sur elle l'action d'un acte où d'un fait émanant de l'homme, il la dirigerait uniquement contre ce dernier.

En substituant, à ce moyen, l'action personnelle à l'action réelle, on obtiendrait une répression tout aussi efficace

Et d'ailleurs, dans les transactions mobilières, qui ont bien aussi leur importance, ne voit-on pas aussi cette simple action être une protection suffisante ?

Ici la loi, en atteignant l'auteur du vol ou de la fraude, frappe-t-elle toujours la chose ? Evidemment non.

La pièce de monnaie est-elle arrêtée dans sa circulation parce qu'elle aura été mal acquise, qu'elle proviendra d'une source illégitime ou impure ? Encore non.

Et si cela était jamais, qu'adviendrait-il ? La circulation arrêtée aussitôt ; l'inquiétude et l'effroi jetés partout : les opérations paralysées, le crédit frappé au cœur, on verrait alors la fortune publique et la société également menacées et déclarées en péril.

Cette situation cependant est celle faite à la propriété foncière.

Page 58. « Casier hypothécaire. » Voir, dans la préface du *Commentaire des Privilèges et Hypothèques* de Troplong, un aperçu du casier hypothécaire en Bavière. Nous voudrions, tout au moins, le même véhicule de publicité.

Page 60. « Qui osera acquérir ? qui osera prêter ? »

Troplong remarque (même préface) que, malgré les défauts du Code Napoléon, d'immenses opérations et acquisitions immobilières se sont faites, et il ajoute que c'est « malgré ses défauts et par l'effet de causes si puissantes, que l'imperfection de la loi n'a pu comprimer leur action. » Or, ces causes subsistent, et d'autres sont venues s'y joindre.

Page 61. « Nous avons été entraîné par un torrent.... »

A notre grand regret, nous n'avons pu parler de la Transcription en Algérie et de la nécessité de l'imposer enfin aux musulmans, qui, aujourd'hui encore, en sont dispensés par un arrêté de 1832, mais qui, nous l'espérons, y seront bientôt assujettis, grâce au récent et remarquable *Essai de Transcription hypothécaire dans les tribus du Tell algérien*, par M. Robinet de Cléry, avocat général près la Cour impériale d'Alger. (Tissier. Alger, 1869.)

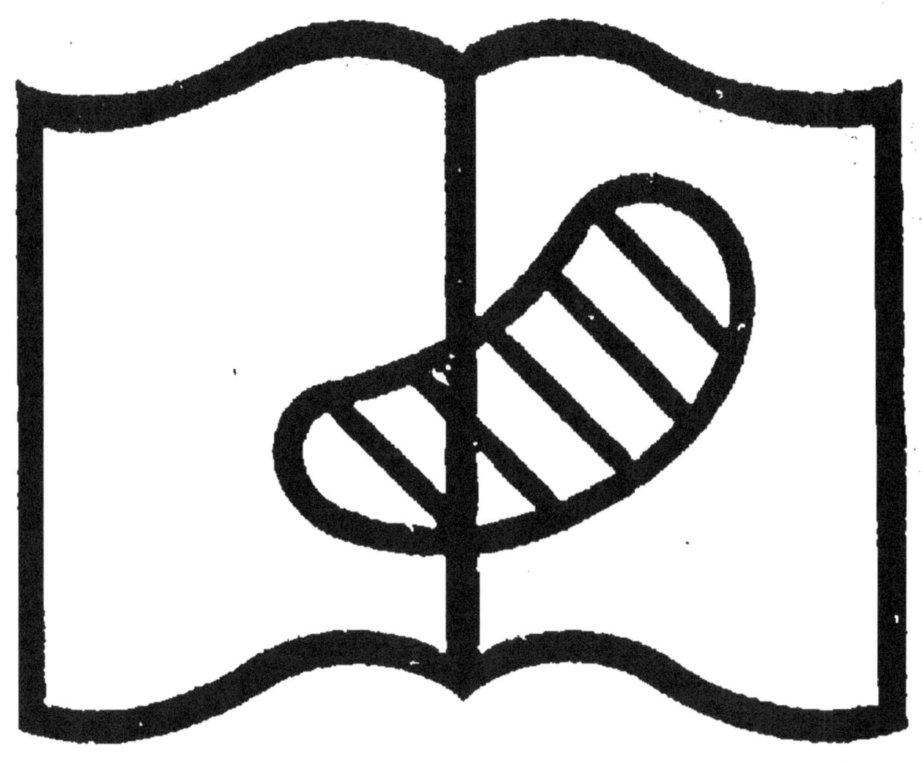